RÉCITS HISTORIQUES

DE LA

GARDE MOBILE DU CALVADOS

(15e RÉGIMENT)

PAR

UNE RÉUNION D'ÉCRIVAINS ET D'OFFICIERS

Appel à l'activité. — Réunion à Bayeux, Caen et Lisieux. — L'armée d'Eure-et-Avre. — Mort du lieutenant-colonel vicomte de Beaurepaire. — Dreux, affaire de nuit du 21 octobre 1870; combat du 17 novembre. — Nonancourt. — Le camp de Conlie. — Le Mans. — Jaurès. — Le 21e corps d'armée. — Marche vers Orléans. — La forêt de Marchenoir. — Combat de St-Laurent-des-Bois. — Retraite de l'armée de la Loire. — Combat de Fréteval. — Combat de Touvois (bataille du Mans). — Sillé-le-Guillaume. — Mayenne. — Poitiers. — Le licenciement.

Cartes. — Portraits. — Renseignements. — Plan du combat de Dreux. — Plan du combat de Touvois. — Portraits des principaux officiers du corps. — Composition des cadres du régiment. — Liste de tous les morts et blessés, tant dans les hôpitaux et ambulances que sur les champs de bataille, ainsi que de tous les prisonniers.

CAEN

IMPRIMERIE DE F. LE BLANC-HARDEL, LIBRAIRE

RUE FROIDE, 2 ET 4

1872

RÉCITS HISTORIQUES

DE LA

GARDE MOBILE DU CALVADOS

(15e RÉGIMENT)

Vicomte Henri de BEAUREPAIRE-LOUVAGNY,
Lieutenant-Colonel, mort accidentellement a Dreux, le 18 8bre 1870.

RÉCITS HISTORIQUES

DE LA

GARDE MOBILE DU CALVADOS

(15e RÉGIMENT)

PAR

UNE RÉUNION D'ÉCRIVAINS ET D'OFFICIERS

Appel à l'activité. — Réunion à Bayeux, Caen et Lisieux. — L'armée d'Eure-et-Avre. — Mort du lieutenant-colonel vicomte de Beaurepaire. — Dreux, affaire de nuit du 24 octobre 1870 et combat du 17 novembre. — Nonancourt. — Le camp de Conlie. — Le Mans. — Jaurès. — Le 21e corps d'armée. — Marche vers Orléans. — La forêt de Marchenoir. — Combat de St-Laurent-des-Bois. — Retraite de l'armée de la Loire. — Combat de Fréteval. — Combat de Touvois (bataille du Mans). — Sillé-le-Guillaume. — Mayenne. — Poitiers. — Le licenciement.

Cartes. — Portraits. — Renseignements. — Plan du combat de Dreux. — Plan du combat de Touvois. — Portraits des principaux officiers du corps. — Composition des cadres du régiment. — Liste de tous les morts et blessés, tant dans les hôpitaux et ambulances que sur les champs de bataille, ainsi que de tous les prisonniers.

CAEN

IMPRIMERIE DE F. LE BLANC-HARDEL, LIBRAIRE

RUE FROIDE, 2 ET 4

1872

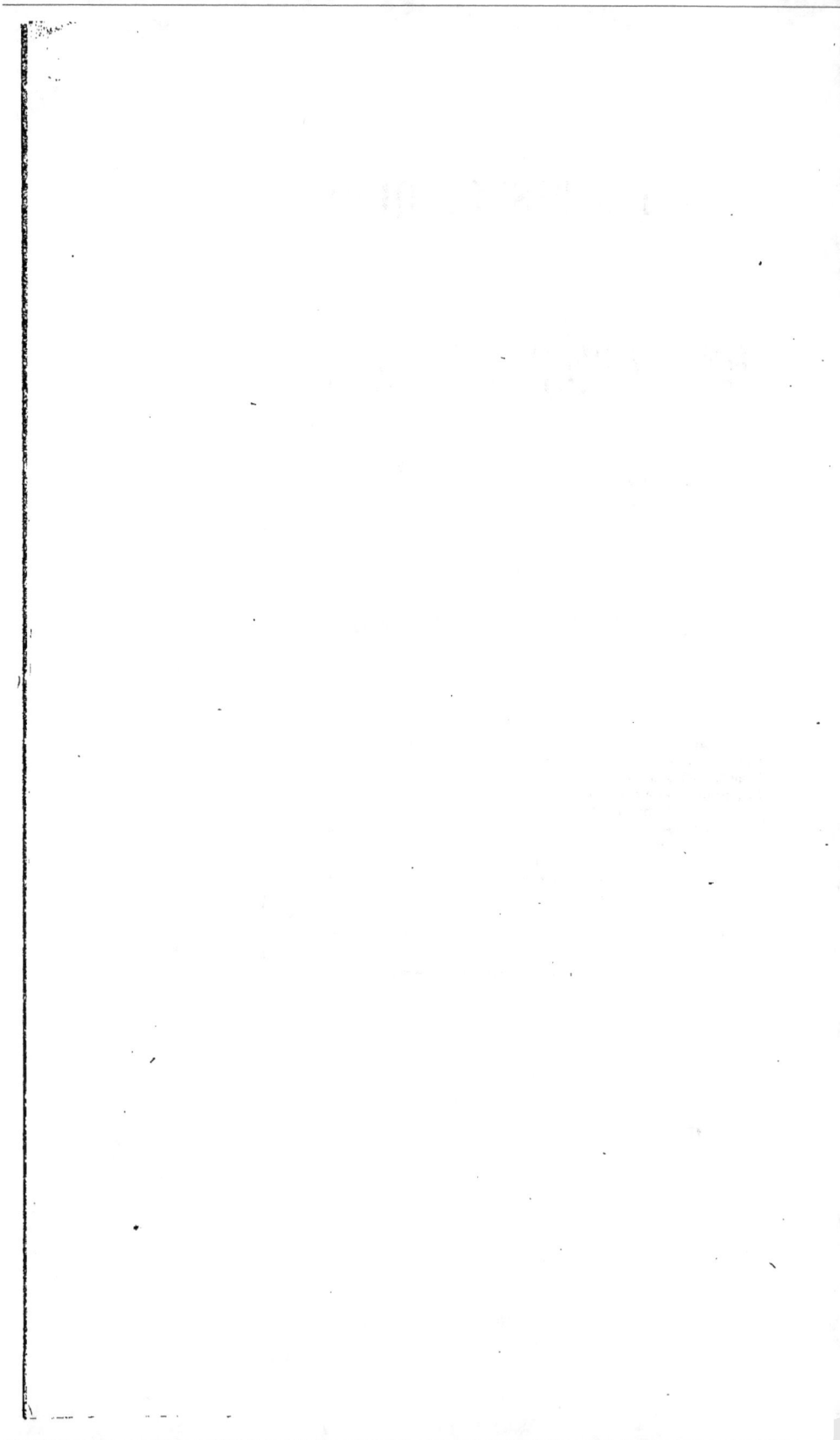

AVANT-PROPOS.

Nous avions l'intention de publier textuellement le rapport de M. le lieutenant-colonel de Labarthe, tel qu'il a été remis au Ministre de la guerre au mois de septembre de l'année dernière. Depuis cette époque, de nouveaux renseignements nous ont été fournis, des documents précieux nous ont été communiqués; d'un autre côté, la publication de nombreux ouvrages sur la dernière guerre est venue jeter un nouveau jour sur les événements passés ; enfin, la plupart des officiers du régiment nous ont apporté, avec leurs conseils, des assertions irréfutables sur certains points jusqu'alors restés obscurs; des modifications importantes sont devenues de toute nécessité, et peu à peu ce qui n'était qu'un simple rapport a pris les proportions d'un livre. Pourtant nous avons cherché autant que possible à conserver, dans ses parties principales, le travail de M. de Labarthe; mais, afin de conserver la liberté et la responsabilité de nos appréciations, nous avons placé entre guillemets tous les passages extraits littéralement du rapport de notre lieutenant-colonel.

Quand paraîtra ce livre, un an aura passé sur l'heure fatale où la France signait les préliminaires d'une paix qui la mettait à la merci de la Prusse. Le moment est-il venu de juger impartialement les hommes et les choses de cette triste et douloureuse époque? A cette question, nous répondons : non.

Mais si la plaie n'est pas encore cicatrisée, si l'ennemi occupe encore six de nos départements, au moins le moment des vaines récriminations est passé; ce n'est pas en répétant sur tous les tons que cette guerre a été follement entreprise et menée avec la dernière incapacité que nous préparerons l'avenir. Sachons être dignes dans nos défaites, afin de mériter de redevenir vainqueurs. Que nos fautes nous servent de leçons, et travaillons tous à cette grande œuvre de notre régénération qui seule peut nous rendre notre place, longtemps incontestée, au premier rang des nations. Pour notre compte personnel, mettant de côté tout esprit de parti, nous raconterons ce que nous avons vu; notre rôle se bornera à retracer les événements auxquels nous avons pris part, et à apporter notre grain de sable aux immenses matériaux qui s'amassent de toutes parts pour les historiens à venir.

Cependant, en entreprenant la publication de ce livre, nous avons encore un autre but. Au moment où la garde mobile est sur le point de disparaître de notre armée et va prendre une autre organisation en même temps qu'un autre nom, nous avons voulu perpétuer par ce livre le souvenir de la garde mobile du Calvados, qui, dans cette guerre sainte, a fait bravement son devoir. Loin de partager l'exclusivisme de ce général prussien qui écrivait il y a quelque temps, dans la *Gazette de Cologne*, que, parmi les gardes mobiles de France, deux seulement s'étaient distinguées, celle de Bretagne et celle de Normandie, nous ne revendiquerons pas pour nous seuls les éloges; mais nous dirons en toute assurance que nous sommes restés fidèles à cette vieille devise : *Fais ce que dois!*

Cependant, nous ne saurions trop le répéter, et il faut que chacun le sache bien, si la garde mobile n'a pas été d'un secours plus efficace, si, à elle seule, elle n'a pas constitué une armée assez puissante pour repousser l'envahisseur, la responsabilité en incombe à ceux qui, après avoir décrété cette institution, l'ont abandonnée ensuite à l'état d'embryon, et ont englouti dans les chasses de Compiègne et les illuminations de St-Cloud les fonds destinés à son instruction et à son équipement; à celui qui, à la veille de cette guerre fatale, a osé impudemment déclarer à la face du pays que nous étions six fois prêts; enfin à ceux qui effrayés de quelques cris proférés au camp de Châlons par la mobile de Paris, dans leur incapacité doublée de méfiance, ont au dernier moment mis le salut de la dynastie au-dessus du salut du pays, et, par leur incurie et leur mauvais vouloir, ont ralenti, alors qu'il n'y avait pas une minute à perdre, la réunion des gardes mobiles.

La dépêche suivante est la preuve de ce que nous avançons :

« *Maréchal Baraguey d'Hilliers à Généraux commandant*
« *Rouen, Caen, Alençon, Évreux, Versailles, Beauvais,*
« *Melun, Troyes, Auxerre, Orléans et Chartres.*

« Paris-Vendôme, le 4 août 1870, 10 heures 20 du matin.

« Suspendez jusqu'à nouvel ordre l'envoi des
« feuilles d'appel des gardes nationaux mobiles.

« BARAGUEY D'HILLIERS. »

Cette dépêche était la conséquence de cette autre dépêche, envoyée deux jours auparavant :

« Metz, 2 août 1870.

« *Major-général à Guerre par intérim.*

« L'intention de l'Empereur est de disperser
« les bataillons de la garde mobile, qui se réu-
« nissent au camp de Châlons et ont déjà fait
« preuve d'un esprit détestable. »

Le 16 juillet 1870, avait été promulgué le décret de mise en activité de la garde mobile, et, grâce à ces lenteurs, elle n'était réunie dans ses dépôts que dans la dernière quinzaine du mois d'août. Dans certains départements, elle n'avait même pas été convoquée à la date du 7 août; et comme nous avons résolu de ne nous appuyer que sur des documents incontestables, nous citerons la dépêche suivante :

« **Chaumont, 7 août.**

« *Préfet à Intérieur.*

« On s'étonne que la garde nationale mobile « du département de la Haute-Marne ne soit pas « encore convoquée. »

Et, réunie dans ses chefs-lieux de formation, cette force, qu'on aurait pu rendre redoutable avec un peu d'initiative et d'activité, était immobilisée faute d'armes, de vêtements, d'équipements. L'ennemi n'était plus qu'à deux ou trois jours de marche de Paris que la garde mobile d'un département voisin n'avait pas encore de fusils!

Nous résumons en finissant : l'organisation de la garde mobile n'avait jamais existé que dans les cartons du ministère; non content de cette première faute, on a paralysé son action par une incurie sans exemple.

Avant de commencer notre récit, nous avons dû entrer dans ces considérations générales, et flétrir énergiquement, au nom de la patrie humiliée, vaincue et mutilée, ceux dont l'incurie, l'incapacité, la lâcheté et l'ambition, ont précipité la France dans cet abîme de maux. Nous donnerons un juste tribut d'éloges et de regrets au maréchal Niel, à qui nous sommes redevables de l'utile institution de la garde mobile, qui, selon lui, devait devenir un puissant auxiliaire de l'armée active en cas d'invasion; et nous rappellerons à ce propos les paroles prophétiques qu'il adressa, le 7 janvier 1869, au commandant Lacroix, du 3e bataillon :

« Le pays ne comprendra bien l'utilité de cette « institution que lorsqu'une grande guerre, qui « peut-être n'est pas éloignée, avec une puis- « sante nation, qui menacera l'indépendance de « la France, lui en aura fait reconnaître la né- « cessité impérieuse et le besoin pressant. »

Les événements n'ont que trop justifié les prévisions du maréchal Niel.

Et nunc erudimini !

CHAPITRE Ier.

Appel à l'activité. — Caen. — Lisieux. — Bayeux. — Formation du régiment. — Armement. — Instruction. — Revue du lieutenant-colonel dans les différents détachements. — Départ.

« En exécution des ordres de M. le Ministre de la guerre, nous allons essayer d'écrire l'histoire du 15e régiment de mobiles (Calvados).

« Pendant une campagne de sept mois, ce régiment a eu sa part de fatigues et de dangers ; ses rangs ont été décimés par les maladies et par le feu, et si, par des circonstances tenant aux événements, il n'a pas eu une part toujours très-active aux divers combats auxquels il a assisté, il n'en a pas moins tenu une place honorable dans les deux armées dont il a fait partie ; aussi, est-ce avec la satisfaction du devoir accompli que nous pouvons regarder en arrière, et retracer les faits dont nous avons été les témoins ou les acteurs.

« En commençant, le lieutenant-colonel qui a eu l'honneur de commander ce régiment est heureux de donner ici un témoignage d'estime et de satisfaction à tous ses officiers, qui l'ont puissamment secondé dans sa mission difficile; tous se sont montrés, par leur courage, leur activité et leur énergie, à la hauteur de la position qui leur avait été confiée par l'impérieuse nécessité où le gouvernement se trouvait d'improviser des armées et des cadres; et si, par suite de la réorganisation prochaine des forces militaires de la France, il était formé une armée de réserve, tirée des éléments de l'ancienne garde mobile, il peut, en toute assurance, les recommander à l'attention de M. le Ministre; tous sont dignes de reprendre leur place dans les rangs de l'armée, le jour où le pays aura encore besoin de leur concours.

« Le 15e régiment de mobiles se composait des 1er, 2e et 3e bataillons du Calvados :

« Le 1er bataillon, formé du contingent des cantons de Balleroy, Bayeux, Isigny, Ryes, Trévières, Creully, Douvres, Tilly-sur-Seules;

« Le 2e bataillon, formé du contingent de Bourguébus, Caen (Est et Ouest), Évrecy, Troarn, Bretteville-sur-Laize, Falaise (Nord et Sud), Coulibœuf, Thury-Harcourt;

« Le 3e enfin, du contingent de Lisieux (1er et 2e canton), Livarot, Orbec, Mézidon, St-Pierre-sur-Dives, Blangy, Cambremer, Dozulé, Honfleur, Pont-l'Évêque.

« Chaque bataillon se composait de huit compagnies.

« Les chefs de bataillon avaient été nommés par décret du 31 décembre 1868; c'étaient MM. :

« 1er Bataillon, *Bayeux*, le vicomte de BEAUREPAIRE-LOUVAGNY (Henri) ;

« 2e Bataillon, *Caen-Falaise*, le vicomte de THOMAS DE LABARTHE (Raphaël-Henri) ;

« 3e Bataillon, *Lisieux*, LACROIX (Léopold-Achille).

« Les capitaines avaient été nommés par décret du 9 juillet 1869. Enfin, les lieutenants et sous-lieutenants furent nommés provisoirement, à la date du 1er août 1870, par le général de division Renault, et leur nomination fut confirmée par décret du 20 août de la même année.

« Quant au cadre des sous-officiers, caporaux et tambours, ils étaient à peine formés, et encore, au moment de la réunion, la plupart des titulaires de ces différents emplois, en prévision du rôle actif qu'allait remplir la garde mobile, donnèrent aussitôt leur démission.

« Tel était notre état aux premiers jours du mois d'août, et alors commença naturellement cette série d'embarras causés par une organisation hâtive qui ont en partie entravé l'action des officiers placés à la tête de ces bataillons de récente formation, et paralysé les grands résultats que l'on pouvait attendre de l'utile institution de la garde mobile.

« Il est superflu d'ajouter que les magasins qui devaient équiper et armer ces nouvelles recrues étaient complètement vides. »

Selon les ordres reçus, les trois bataillons, non enrégimentés encore, devaient se rendre dans trois localités différentes pour commencer leur instruction ; ces trois villes étaient :

Caen, pour le premier bataillon ;

Lisieux, pour le deuxième ;

Et Bayeux, pour le troisième.

L'ordre d'appel fixait la convocation au chef-lieu du département de ces trois bataillons, aux dates suivantes :

« Le 17 août, pour le 1er bataillon, le 18, pour le 2e, et le 19, pour le 3e.

« L'appel des recrues eut lieu aux jours sus-indiqués, au milieu d'une affluence énorme de parents et de curieux, et se passa de la manière suivante, sans aucune variante, pendant ces trois jours (1). »

Après l'appel fait, à onze heures du matin, M. le préfet Gimet descendait sur la place, et, après quelques paroles conformes à la situation, reconnaissait, devant sa troupe future, les chefs de bataillon, qui, à leur tour, répétaient la même cérémonie à l'égard de leurs officiers. Un incident vint troubler un instant l'appel du 2e bataillon : un employé de la préfecture apparut au balcon; la foule se précipita et fit silence; alors il lut d'une voix éclatante le bulletin d'une prétendue victoire remportée par Frossard ou Bazaine, nous ne nous souvenons plus lequel des deux ; nos jeunes mobiles battirent des mains et crièrent : vive la France ! vive l'ar-

(1) Extrait du rapport du lieutenant-colonel de Labarthe.

mée ! Hélas ! ce prétendu bulletin de victoire était aussi mensonger que les précédents, c'était le digne avant-coureur de cette horrible mystification des carrières de Jaumont. Et nos pauvres recrues, qui avaient battu des mains, apprenaient le soir qu'on les avait trompés, en leur débitant des fables ridicules, et c'est sous ces impressions décourageantes qu'ils allaient entrer dans l'arène et offrir leur vie sur l'autel de la patrie envahie.

Le 18 août, à cinq heures du soir, le 2e bataillon quittait Caen pour se rendre à Lisieux, par un train spécial mis à la disposition du commandant de Labarthe.

Le lendemain, à pareille heure, le 3e bataillon se rendait à Bayeux, également par les voies ferrées.

Le 1er bataillon restait à Caen, où il devait être caserné à Vaucelles et au Château.

Les hommes ne reçurent, à leur arrivée au corps, ni habillement, ni équipement, ni armement.

Nous avons peu de choses à dire des premiers jours de réunion. Nos jeunes soldats n'arrivaient pas avec cet enthousiasme des armées populaires de 1792, ni même avec cette gaîté et cet entrain qui avait éclaté au début de la campagne. La France était alors sous le poids de ses premiers désastres ; les yeux se dessillaient, et l'on commençait à comprendre qu'il ne suffisait pas de chanter la *Marseillaise* pour gagner des batailles.

La plupart des jeunes gens, exemptés par les chances du tirage, par l'exonération ou par d'autres causes, avaient peine à se croire soldats. La France était envahie, c'est vrai, mais le caractère normand, qui rend l'homme si profondément attaché au coin de terre qui l'a vu naître, leur empêchait de croire à la réalité de faits non accomplis sous leurs yeux ; aussi est-il probable que si, par impossible, l'invasion eût commencé par la Normandie, à leur calme habituel aurait fait place une ardeur qui les eût transformés en soldats héroïques, pour disputer leurs toits et leurs champs aux envahisseurs.

A défaut d'enthousiasme, nos soldats nous apportaient de précieuses qualités : une forte constitution, une instruction première généralement bonne et supérieure à celle des régiments de l'armée régulière ; en effet, les professions libérales étaient largement représentées dans nos rangs ; parmi les sous-officiers, les caporaux et les simples gardes, on trouvait des avocats, des étudiants, des artistes ; toute l'échelle sociale s'y était donné rendez-vous : noblesse, bourgeoisie, agriculture, arts, science, étaient confondus dans cette armée vraiment nationale. Nous avons pu apprécier l'heureux effet moral produit par cette communauté de vie, qui mettait en contact continuel le riche avec le pauvre, le laboureur avec l'artiste ; c'est le plus éloquent plaidoyer en faveur du service obligatoire et personnel. Enfin, qualité essentielle, nos jeunes gardes étaient d'une obéissance irréprochable; aussi, pendant le cours de la campagne, il ne s'est produit qu'un seul cas d'indiscipline; tous, dès les premiers jours, se montrèrent profondément soumis à leurs officiers, bien que la plupart des lieutenants et sous-lieutenants fussent à peu près du même âge et des mêmes localités que leurs subordonnés. On doit chercher la cause de ce respect, qui a eu une influence décisive sur l'esprit de notre jeune troupe, dans le bon choix de ses officiers, pris parmi les jeunes gens appartenant aux classes élevées et déjà désignés à l'attention publique par leur intelligence et leurs talents.

L'élément militaire ne dominait pas, sans doute, mais, tout en le regrettant, comme instruction pratique du métier, nous avons pu nous rendre compte de ce que pouvait l'intelligence unie à la volonté et secondée par une instruction solide; et, relativement au temps qu'il nous a été donné de consacrer à leur instruction, nos jeunes officiers avaient acquis une connaissance pratique du métier suffisante. Malheureusement, il n'en était pas de même des sous-officiers et caporaux, cette véritable base de l'armée française et peut-être son meilleur élément, que l'on a trop méconnu et négligé depuis quelques années; nous reviendrons un peu plus loin sur le cadre de nos sous-officiers. Dès les premières réunions, chaque chef de bataillon fit, par quelques paroles énergiques et patriotiques, comprendre à la troupe qu'il avait sous ses ordres, toute l'étendue des devoirs qui incombaient à tous, et ce que le pays anxieux attendait du dévouement et du courage de la garde mobile. Voici l'ordre du jour qui fut adressé, en cette circonstance, par le commandant de Beaurepaire-Louvagny, au 1er bataillon :

« Officiers, sous-officiers, caporaux et soldats !

« Le 1er bataillon du Calvados est constitué ; la « patrie a eu besoin de ses enfants, elle vous a « appelés et vous êtes venus !

« Tous vous avez quitté au premier signal vos « foyers et vos affections ; vous avez compris « que la mère-patrie passe avant tout.

« Honneur à vous, mes braves ; quand on a com« mencé ainsi, on est capable de grandes choses.

« Dès le début, vos occupations sont dures et « pénibles, votre commandant compte sur votre « patience et votre abnégation. Il compte sur « votre zèle et votre bonne volonté pour que « chacun, par son initiative et son intelligence, « améliore, par tous les moyens en son pouvoir, « votre prompte et bonne organisation.

« Tous nous avons un parent, un ami, dans les « rangs de l'armée active, il faut voler à leur secours.

« Ensemble, nous repousserons ces hordes « d'Allemands qui fondent sur notre beau pays !

« Ensemble, nous vaincrons !

« Vive la France !

« *Le chef de bataillon*,

« DE BEAUREPAIRE-LOUVAGNY. »

Du 17 au 31 août, le temps fut employé, à Caen et dans les divers détachements, à l'organisation et à l'instruction ; l'effectif de chaque compagnie, qui s'élevait en moyenne à deux cents hommes, fut successivement réduit, par suite des congés de réforme accordés par les conseils de révision. En effet, ces conseils, siégeant presque en permanence, ont accompli leur mission laborieuse et délicate, nous ne saurions en douter, avec la plus scrupuleuse attention ; mais n'ont-ils pas montré peut-être une trop grande tolérance ? et, dans la précipitation de leurs opérations, n'ont-ils pas donné lieu à quelques réclamations et à quelques mécontentements ? Cela est probable, car un décret du gouvernement de la défense nationale, en date du 14 septembre, ordonna la révision de leurs opérations. Quoi qu'il en soit, ces opérations eurent pour effet d'apporter une grande perturbation dans notre organisation, dans la formation de nos cadres ; car tel était aujourd'hui caporal, sergent, etc., qui le lendemain partait en vertu d'un congé de réforme.

Néanmoins, sous l'impulsion vigoureuse de leurs chefs, nos bataillons se formaient à la vie militaire ; on adopta les prescriptions du service intérieur et on les suivit scrupuleusement ; un tableau de service journalier fut établi et mis immédiatement en vigueur. Voici celui du 3e bataillon pour le mois d'août :

Appel à six heures du matin.

Exercice de six heures et demie à neuf heures.

Le rapport à neuf heures.

Appel à onze heures.

A midi, école d'intonation, instruction sur le service des places et sur le service en campagne, pour MM. les officiers.

A une heure, théorie pratique pour les sous-officiers.

Exercice pour le bataillon, de deux heures à cinq heures.

La retraite à huit heures.

Diverses distributions aux heures libres.

Dès les premiers jours, nous avions reçu des blouses et des képis ; ces blouses nous furent d'une utilité très-contestable, et on eût pu facilement éviter de grever le budget de cette dépense. Ce ne fut que le 29 août et les premiers jours de septembre que l'on commença à habiller nos jeunes soldats ; on leur donna ces vareuses et ces pantalons qui ont soulevé, et à juste titre, l'indignation publique.

La qualité et la confection de nos effets d'habillement et d'équipement ont été l'objet d'un rapport spécial adressé par nous à l'Assemblée nationale (sous-commission des marchés). Voici en quelques mots l'état de ces effets : les képis étaient assez bons, mais mal confectionnés ; les vareuses, d'un drap détestable ; les pantalons, trop étroits ou trop courts, et le tissu du drap n'avait d'analogie qu'avec l'amadou ; les souliers, d'un cuir très-perméable, spongieux, sans solidité.

Qu'on se garde de croire que les semelles de carton sont de pure invention, le fait n'a été que trop incontestable ; les guêtres de toile, de qualité exécrable ; les fourreaux de baïonnettes, cartouchières, havre-sacs, étaient de déplorable qualité ; tous ces effets n'étaient pas susceptibles de faire un service quelconque, la plus grande partie même ne put supporter l'essayage ou les fatigues des premiers exercices. Les industriels chargés de la livraison de ces effets méritent d'être flétris publiquement. Le *Times* a dit de ceux qui ont ainsi spéculé sur les malheurs publics : « Il n'y aura jamais de potence assez haute pour pendre ces fournisseurs. » Et l'on ne saurait trop blâmer les officiers d'administration qui ont pu accepter des marchés exécutés dans de pareilles conditions. Peu de jours avant, vers le 25 ou 26 août, on nous avait armés de fusils transformés, modèle dit *à tabatière;* la plupart de ces armes nous arrivèrent en très-mauvais état : nous dûmes donc remédier à cette incurie ; mais d'un côté l'autorité départementale, chargée jusque-là de notre organisation, nous ordonnait de les faire réparer, par tous les moyens possibles, dans le plus bref délai ; d'un autre côté, l'administration militaire nous prescrivait d'avoir, pour ces réparations, à nous conformer strictement aux règlements sur la matière, de fournir des bulletins d'imputations tarifés, etc., etc., pour chaque arme à réparer, et il y en avait environ deux mille nécessitant l'envoi à l'armurier ; on devait enfin suivre la marche adoptée pour l'armée régulière. Chaque chef de bataillon, prenant une sage initiative, laissa crier l'intendance et, avec les éléments qu'il possédait, installa immédiatement un atelier composé des ouvriers mécaniciens de son bataillon : à Caen, sous la direction du caporal armurier du 93e de ligne ; à Lisieux, sous celle du sergent Tribouillard, et à Bayeux, sous celle de MM. Aumont et Jeanne. Grâce à ces divers concours, ces réparations furent vivement exécutées. Il est vrai que, lorsqu'il fallut ordonnancer les dépenses nécessitées par ce travail, ce fut une affaire d'État, et peut-être qu'à l'instant où nous écrivons elles ne sont pas définitivement réglées. Ce fait ne saurait donner qu'une bien faible idée des tiraillements dont notre administration était l'objet : d'un côté, cette immixtion de l'autorité civile dans les affaires militaires était regrettable sous tous les points de vue ; d'un autre côté, l'intendance, fidèle aux traditions et persévérant dans ses errements et sa vieille routine, n'était pas à la hauteur de cette situation nouvelle, où l'on ne pouvait pécher par trop d'initiative. A cette époque, nous n'étions pas encore formés en régiment, et il eût été préférable de laisser à chaque chef de bataillon, alors chef de corps, le soin de l'équipement et de l'habillement de la troupe sous ses ordres, sous sa responsabilité personnelle. Débarrassé de ces deux obstacles, le dépôt et l'intendance, en quarante-cinq jours, deux mois au plus, nos soldats eussent été habillés et équipés convenablement ; il est vrai qu'alors je ne sais quelle ordonnance vermoulue ne permettait pas d'agir ainsi, et le conseil central, doublé de l'intendance, a frappé d'impuissance des milliers de bras, a condamné de pauvres diables à mourir de froid, à marcher sans souliers dans la neige, et a enfin réalisé au-delà de toute expression les *soldats pieds nus* de Béranger.

Le 1er septembre, nous passâmes définitivement sous la direction immédiate du ministère de la guerre, et il fut décidé que les 1er, 2e et 3e bataillons du Calvados formaient un régiment sous le nom de *15e régiment provisoire d'infanterie.* Dans la suite, on a substitué par l'usage à cette dénomination celle de *15e mobile*, qui nous paraît plus juste et moins sujette à confusion.

Par décret du 26 août, M. de Beaurepaire-Louvagny (Henri) fut nommé lieutenant-colonel. Cette nomination fut mise à l'ordre du 28 de ce mois ; le même jour, M. Oscar de Vallée, conseiller d'État en mission extraordinaire, lui adressait la lettre suivante :

« Mon cher Colonel,

« Je sais et j'ai vu par moi-même que vos « bataillons de mobiles seront bientôt de véri- « tables troupes. Tout annonce qu'elles marche- « ront à l'ennemi ; elles ont les qualités qui

« assurent partout le succès : le courage et le « sang-froid. Vous leur avez donné un aumô- « nier, la religion et la patrie seront ainsi avec « elles. »

« Je vous remercie, Colonel, de tous vos efforts. « Je remercie les officiers et les nobles et cou- « rageux enfants du Calvados qui marchent sous « vos ordres.

« Ne perdez pas un instant. Que chacun se « multiplie : la France attend avec impatience « tous ses défenseurs, elle en a besoin; mais, « avec eux, elle est sûre du succès.

« Au revoir, Colonel, et croyez-bien à mes « sentiments dévoués pour vous et pour vos « troupes.

« Je vous marquerai d'ailleurs ces sentiments « en faisant pour la garde mobile du Calvados, « en vertu des pouvoirs qui me sont délégués, « tout ce qui lui sera nécessaire.

« *Le conseiller d'État en mission*,

« Oscar DE VALLÉE. »

Tout en applaudissant aux sentiments qui ont dicté cette lettre et dont nous retenons les éloges, l'utilité de cette mission nous échappe et nous ne pouvons nous empêcher de faire remarquer que M. le Conseiller d'État ne s'était pas rendu à Bayeux et à Lisieux où se trouvait la moitié des bataillons du Calvados, et qu'il n'avait pu voir à Caen que des hommes à peine vêtus et armés. Néanmoins M. de Beaurepaire, en mettant à l'ordre la lettre précitée, la faisait suivre de ces quelques lignes :

« Le lieutenant-colonel commandant le régi-
« ment est heureux de pouvoir inaugurer son
« commandement en mettant à l'ordre la lettre
« qu'il vient de recevoir. Cette lettre est une ré-
« compense juste et bien méritée du zèle et des
« efforts déployés par chacun.

« L'aumônier donné au 1er bataillon par Mon-
« seigneur, sur la demande de ses officiers,
« devient l'aumônier du régiment tout entier. La
« nouvelle de cette mesure, revêtue de la haute
« approbation de M. le Conseiller d'État, ne peut
« qu'affermir encore des cœurs déjà inébran-
« lables. Religion et patrie sera un cri de rallie-
« ment qui nous rendra invincibles.

« Nos frères de l'armée active versent leur sang
« avec bravoure pour nous donner le temps d'ar-
« river.

« Redoublons d'activité. Marchons, volons à
« leur secours. Mieux vaut aller combattre l'en-
« nemi au loin que de lui laisser ravager et
« dévaster nos foyers.

« *Le lieutenant-colonel,*

« Vicomte DE BEAUREPAIRE. »

Pendant ce temps, les événements se précipitaient; les nouvelles de plus en plus funestes nous arrivaient de l'armée du Rhin; enfin et pour comble, le désastre de Sedan.

Désormais la garde mobile devenait la seule armée régulière de la France; le lieutenant-colonel, puissamment secondé par ses chefs de bataillon, redoubla d'activité pour mettre ses gardes mobiles à hauteur de la grande mission qui leur était dévolue. Les opérations préliminaires d'incorporation se poursuivaient avec activité; cette jeune troupe docile se disciplinait vite. Grâce aux efforts et au zèle incessant des officiers, elle prit rapidement un aspect et des habitudes militaires.

C'est au milieu de ces préoccupations que vint nous surprendre l'ordre de procéder aux nominations des officiers par voie d'élection. Cet ordre fut accueilli parmi nous par une désapprobation générale, malgré la réélection presque certaine de tous les officiers. Ce principe d'élection, contraire à toute espèce de discipline et entièrement opposé à l'ancienne hiérarchie, allait porter un coup funeste à notre organisation à peine ébauchée. La plupart des officiers étaient résolus à donner leur démission plutôt que de subir les effets de cette mesure. Il est incontestable qu'avec cette idée de pouvoir nommer ses chefs naît chez le soldat celle de pouvoir les destituer.

L'expérience tentée durant cette dernière guerre a condamné d'une façon irrévocable ce mode de conférer les grades. Heureusement un ordre du général commandant la subdivision vint ajourner les élections, et nous reprîmes nos travaux.

Tandis que nous arrachions pièce par pièce nos divers objets d'équipement des magasins, une impulsion vigoureuse était donnée à l'instruction. Sous ce rapport, le régiment avait été favorisé : nous comptions dans nos rangs cinq capitaines appartenant à l'armée active et qui nous avaient été envoyés comme instructeurs.

Au 1er bataillon, M. Reynaud, chef de bataillon venant des capitaines de l'armée ; au 2e bataillon, M. Hommey, capitaine d'infanterie en retraite depuis peu ; au 3e bataillon, MM. Groualle, Susbielle et Lecorre, capitaines au 21e de ligne, s'acquittèrent de leur mission d'instructeurs avec un zèle et une intelligence au-dessus de tout éloge. Malgré les lenteurs apportées à l'armement, aux premiers jours de septembre, nos hommes exécutaient le maniement d'armes et les charges ; le 5 du même mois, en conformité du décret du 26 août, eut lieu la formation du dépôt. La 7e compagnie de chaque bataillon constitua le dépôt sous le commandement du capitaine Gouye, et le 8 septembre, un procès-verbal signé Planaz, sous-intendant militaire, formait définitivement le régiment, qui se trouvait ainsi composé :

Lieutenant-colonel commandant le régiment : M. DE BEAUREPAIRE.

1er BATAILLON.

Chef de bataillon : M. REYNAUD.

DÉSIGNATION des compagnies.	OFFICIERS. NOMS ET GRADES. Capitaines.	Lieutenants.	Sous-lieutenants.	TROUPES. EFFECTIFS ET GRADES. Sergents-majors.	Sergents.	Sergents-fourriers.	Caporaux.	Tambours et clairons	Soldats.	Effectif de la troupe.	OBSERVATIONS.
1re Cie	CANIVET DE LA ROUGEFOSSE	DE SAINT-SAUVEUR	DESPALLIÈRES	1	4	1	8	1	143	158	
2e	VACHERET	DE KERGORLAY (Rd)	PAIN	1	4	1	8	1	151	166	
3e	LONDE	DE KERGORLAY (Pre)	DE PERTHOU	1	4	1	8	1	160	175	
4e	LE PIPPRE	FOY	DE CORNULIER (Henri)	1	4	1	8	1	140	155	
5e	COSTREL	N.....	LEFÈVRE	1	4	1	8	1	154	169	
6e	DE LA LONDE	DE CORNULIER (Jean)	D'OSSEVILLE	1	4	1	7	1	135	149	
7e	GOUYE	MARION	VÉREL	1	4	1	8	1	305	320	
8e	LE HARDY	GUILLOUARD	DE CUSSY	1	4	1	8	1	132	147	
				Effectif du 1er bataillon. .						1,439	

2e BATAILLON.

1re	Calvet	Magron	Viardot	»	4	1	7	»	145	157
2e	Jardin	Lesquier	Sauvalle	1	4		8	»	125	139
3e	Dagier	Andry	Vautier	»	4	1	7	»	149	161
4e	d'Argenton	de Germiny	Jeanne-Deslandes	1	4	1	8	»	137	151
5e	des Rotours	Fagandet	Paulmier	1	4	1	8	»	148	162
6e	Hommey	Dumont	Barbey	1	4	»	7	»	149	161
7e	Le Tourneur	Jourdan	de Banneville	1	4	1	8	»	196	210
8e	de Croisilles	Viel	Michelon	»	4	1	8	»	151	164
				Effectif du 2e bataillon. .						1,305

3e BATAILLON.

Chef de bataillon : M. LACROIX.

1re	N.....	Anthoine	Frappier	1	4	1	8	1	143	158
2e	Mouchel	Guillard	Vachier	1	4	1	8	1	140	155
3e	Delaney	Leroy	Bigot	1	4	1	8	1	154	169
4e	Groualle	Clausier	Lebret	1	4	1	8	1	175	190
5e	Morin	Le Poissonnier	Labey	1	4	1	8	1	142	157
6e	Susbielle	Jouvet	Roux	1	4	1	8	1	193	208
7e	Gouye	Moisy	Blottière	1	4	1	8	1	205	220
8e	Lecorre	Le Goueslier d'Argences	Amiard	1	4	1	7	1	128	142
				Effectif du 3e bataillon. .						1,399

A la fin de septembre, l'instruction était aussi complète que possible, en tenant compte des difficultés que nous avions eues à vaincre, du petit nombre des instructeurs en rapport avec l'effectif des recrues, et de la saison qui ne nous avait pas toujours été favorable. Nous avions exécuté successivement l'école du soldat, de peloton et de tirailleurs, les principaux mouvements de l'école de bataillon, entre autres, les formations en carré et en colonne. Quant à l'équipement, ne pouvant sur ce chef faire aucune dépense sans passer par l'interminable filière administrative, et pour n'arriver le plus souvent qu'à des résultats négatifs, nous avions fait pourtant tous nos efforts pour l'améliorer. Nos hommes étaient pourvus de havre-sacs ajustés par nos soins ; des bretelles de fusil avaient été fabriquées par les cordonniers que nous possédions et payées au moyen de prélèvements sur la solde ; presque tous avaient képis, vareuses et pantalons, déjà en très-mauvais état, et des vêtements complètement insuffisants pour la saison qui allait commencer. Quant au campement, on l'avait demandé et la réponse ne s'était pas fait attendre. La voici :

« Rouen, le 20 septembre 1870.

« Monsieur le Sous-Intendant,

« En réponse à votre télégramme du 19 du « courant, j'ai l'honneur de vous faire connaître

« que la garde nationale mobile ne doit recevoir « ni ustensiles, ni effets de campement, à moins « qu'exceptionnellement elle ne soit campée.

« La décision du 23 août dernier, que je vous « ai notifiée le 25 dudit, sous le n° 108-88, « n'aurait dû vous laisser aucun doute à ce sujet.

« *L'intendant militaire de la 2e division,*

« *Signé :* ANGOT.

« Notifié pour copie conforme à M. le Colonel « de la garde mobile, en réponse à la demande « qu'il m'a faite le 19 du courant.

« *Le sous-intendant militaire,*

« *Signé :* PLANAZ. »

L'ennemi était à 50 lieues de nous ; d'un instant à l'autre, nous pouvions être appelés à marcher, ce qui, du reste, se fit peu attendre. Mais M. l'Intendant ne jugeait pas utile de nous faire donner du campement, et quinze jours plus tard nos pauvres mobiles campaient sans tentes, sans couvertures et sans feu en face de l'ennemi.

Dans les premiers jours de septembre, nous avions également reçu les exonérés des classes 1865 et 1866, et les mobiles de la classe 1869 ; en multipliant les exercices de ces nouvelles recrues, à la fin du mois, ils furent à hauteur de leurs camarades. En somme, si à cette époque M. Oscar de Vallée fût revenu en mission, il eût pu, cette fois, constater des résultats importants, obtenus à force de zèle et de dévouement de la part des officiers de tous grades.

Nous passons sans nous y arrêter sur les événements politiques qui signalèrent le mois de septembre ; la chute d'une dynastie et l'avènement de la République nous trouvèrent parfaitement calmes et non moins résolus, après comme avant, à nous dévouer au salut du pays, qui devait être placé au-dessus de tout intérêt de parti.

Dans les derniers jours du mois, le lieutenant-colonel passa, tant à Caen que dans les divers détachements, une revue de détail de son régiment. Il put constater, dans cette inspection, que l'instruction de la troupe était, sinon complète, du moins suffisante pour répondre aux besoins de la situation. Il fit commander successivement tous les officiers ; ceux d'entre eux qui avaient servi avaient, par une étude constante et une pratique de tous les jours, acquis l'aplomb et l'habitude du commandement, et pouvaient rivaliser avec leurs collègues de l'armée : les jeunes officiers promus sans services antérieurs, à force de travail, d'émulation et de bonne volonté, étaient arrivés à un degré d'instruction qui leur permettait d'exercer leur commandement avec assurance. En somme, l'instruction générale des officiers et de la troupe fit une impression favorable sur notre lieutenant-colonel, qui nous en témoigna toute sa satisfaction.

Malheureusement, l'instruction des sous-officiers et caporaux laissait énormément à désirer, sauf de trop rares exceptions. Des cadres sérieux de sous-officiers et caporaux nous manquaient complètement ; de ces cadres, pourtant, dépendent la solidité d'un corps, son instruction, en un mot, sa militarisation. La plupart de ces jeunes gens, choisis cependant parmi les plus intelligents, n'avaient aucun antécédent militaire ; ensuite, comme nous l'avons dit, les réformes avaient amené une mobilité continuelle dans leurs rangs ; enfin, les liens de parenté, de voisinage, de camaraderie et la parité d'âge avec leurs soldats, les empêchaient d'avoir sur eux tout l'ascendant désirable ; ensuite, le peu d'habitude du commandement laissait l'ordre donné imparfaitement suivi ou inexécuté. L'exemple de l'armée anglaise nous confirme dans cette conviction, qu'il est impossible de faire un sous-officier en quelques mois. Une autre difficulté rendait notre tâche plus difficile : nos soldats étaient en partie logés chez les habitants, sauf le 1er bataillon, caserné au lycée, au château, puis à Vaucelles, à Caen ; deux compagnies du 2e bataillon, logées au collége et au séminaire de Lisieux, et trois compagnies également casernées à Bayeux.

Cet état de choses, mettant en contact nos recrues avec l'habitant et aussi avec leurs propres familles, dont ils n'étaient pas assez éloignés, était une entrave à cette instruction de tous les instants, que l'on ne peut donner qu'à la caserne, à cette habitude de la discipline et de la subordination de grade à grade, qu'il fallait à tout prix leur faire acquérir; il était urgent de militariser promptement ces jeunes gens, et ces motifs et ces difficultés le rendaient presque impossible.

Le lieutenant-colonel de Beaurepaire avait pu constater, dans son inspection, que, si l'instruction militaire était suffisante, l'organisation et l'administration laissaient énormément à désirer. Nous manquions toujours des effets d'habillement les plus nécessaires, de linge et surtout de chaussures. A peine quelques centaines de paires de très-mauvais souliers avaient-elles été distribuées, et la plupart de très-petite pointure, ce qui les rendait le plus souvent inutiles. Quant à l'administration, elle laissait fort à désirer; nous manquions de comptables rompus à la comptabilité militaire, malgré le dévouement du colonel; les cours faits à ce sujet ne purent suppléer à l'insuffisance de la pratique, et ceci vient à l'appui de ce que nous avancions tout à l'heure, qu'on ne peut improviser un sergent-major en quelques jours. Faute de leur envoi en temps opportun et de renseignements sur l'état civil, les livrets n'avaient pu être établis entièrement. Dans le cours de la campagne, nous eûmes à regretter cette négligence : les décès sur les champs de bataille ne furent pas toujours constatés, faute de pièces capables d'établir l'identité du décédé. Aussi, le cas échéant, il serait d'un bon usage pratique d'adopter ce système prussien, consistant à faire porter au cou, par chaque soldat, une médaille en bronze où seraient gravés ses nom, prénoms, numéros matricules de bataillon et de compagnie, etc. D'un autre côté, les mutations, par trop multipliées, motivées par les réformes, renvois comme soutiens de famille, remplacements, etc., nous mettaient dans l'impossibilité d'asseoir notre effectif.

Jusqu'alors, nous étions fort incertains sur le sort qui nous était réservé ; pourtant, vers le 23 septembre, nous parûmes fixés sur les intentions du gouvernement au sujet de l'emploi de la garde mobile. La circulaire du gouvernement, en date du 21 septembre (ministère de la guerre, signé Fourrichon), nous assigna notre rôle et notre plan de campagne. Nous devions nous porter au secours du département le plus voisin de nos cantonnements, aussitôt son envahissement.

Le lieutenant-colonel fit imprimer la circulaire précitée ; on la distribua à tous les officiers et sous-officiers, en la faisant suivre des commentaires suivants :

« Le lieutenant-colonel commandant le 15e provisoire d'infanterie a jugé utile qu'un exemplaire de cette circulaire fût entre les mains de chaque officier et sous-officier, pour que tous connaissent bien le plan de campagne et répondent aux sentiments auxquels on fait appel.

« Lorsque le moment viendra, le 15e régiment voudra montrer qu'il est assez solide pour résister comme une troupe de ligne aguerrie.

« Mais, pour cela, il faut une discipline forte et

« exacte ; sans elle, pas de succès ; c'est elle qui « est la principale force de l'ennemi, pensons-y « bien. »

Dans les premiers jours d'octobre, eurent lieu les exercices du tir à la cible ; on fut avare, trop avare même, alors, de munitions : chaque homme tira trois cartouches (1). Cet essai était complètement insuffisant et ne pouvait donner à l'homme une confiance réelle dans son arme ; à peine cette expérience servit-elle à constater les fusils qui pouvaient être utilisés. Les résultats furent très-bons, le but était à deux cents mètres, la majeure partie de nos soldats se fit remarquer par une grande justesse dans le tir ; si la garde mobile n'eût pas eu à sortir de son rôle, c'est-à-dire fût restée destinée à agir en partisans, ayant pour mission de harceler l'ennemi, il y aurait eu profit d'utiliser cette remarquable aptitude pour le tir que possédaient nos recrues ; alors le fusil à tabatière, malgré ses imperfections, eût suffi, à la rigueur, à nos besoins. Mais appelés à combattre comme force régulière, et probablement à côté de nos débris d'armée, on aurait dû comprendre les effets déplorables de cette inégalité dans l'armement ; l'effet moral sur les hommes était plus grand qu'on ne le supposait et plus désastreux que le désavantage matériel. Dans la prévision d'avoir à combattre en bataille rangée

(1) Dans le 1er bataillon, la 1re compagnie seule put ainsi essayer ses armes. Toutes les autres partirent avant d'avoir brûlé une amorce.

des troupes dont on vantait l'armement, peut-être avec trop d'exagération, nos Normands réclamaient des chassepots. Hélas ! leurs vœux ne devaient être accomplis que trop tard, et dans une situation critique s'il en fut.

Le plan de campagne, prescrit par la circulaire du 21 septembre, eut un commencement d'exécution, et c'est à cette circonstance, croyons-nous, que nous dûmes notre départ et notre mise en campagne. L'ennemi venait de faire quelques pointes dans le département de l'Eure. Quelques mobiles de ce département et de celui de l'Orne, réunis à la hâte, s'avançaient à leur rencontre, mais ne pouvaient offrir une résistance sérieuse. Enhardis, les Prussiens allèrent jusqu'aux portes d'Évreux, entièrement dégarni de troupes.

Le général commandant le département de l'Eure nous appela à son secours, et, le 6 octobre, le 1er bataillon quittait Caen et couchait à Lisieux. Le 7, tout le régiment s'ébranlait, par les voies ferrées. Le 3e bataillon partait de Bayeux et recevait, à Mesnil-Mauger, l'ordre de continuer sa route jusqu'à Conches ; les 1er et 2e bataillons quittaient Lisieux, se dirigeant également sur Conches et sur Évreux.

Mais, avant de quitter Lisieux, nous devons payer un juste tribut de reconnaissance aux habitants de cette cité normande, qui a accueilli nos mobiles avec tant de cordialité. Nous avons tous conservé un souvenir agréable de l'excellent accueil que nous y avons reçu, et bien des fois, au milieu des camps, nous nous sommes plus à nous rappeler les instants si doucement écoulés dans cet heureux séjour.

Le train filait à toute vapeur sur Évreux ; nous étions définitivement en campagne.

CHAPITRE II.

Évreux. — Pacy-sur-Eure. — Ivry-la-Bataille. — Cherisy. — Dreux. — Houdan. — Mort du lieutenant-colonel de Beaurepaire-Louvagny. — Prise de Chartres. — Retraite sur Saint-André. — Affaire du 24 octobre.

Malgré les appréhensions, et les versions plus ou moins exagérées qui circulaient, faisant les Prussiens maîtres de Serquigny, le train, qui emportait les 3,352 hommes formant l'effectif du 15e mobile, put continuer sa route jusqu'à Évreux, où il arriva vers six heures du soir; le 3e bataillon opéra sa jonction avec les deux autres une demi-heure après leur entrée en gare.

L'hospitalité que nous offrit cette cité ne ressembla en rien à l'accueil cordial qui nous avait été fait à Lisieux. Les habitants avaient l'air fort effrayés de la proximité de l'ennemi, de notre arrivée, et de la possibilité d'un combat sur leur territoire.

Le régiment fut logé un peu partout, dans les casernes, dans les maisons abandonnées, dans les écuries, etc. La municipalité ne mit aucun empressement à faciliter notre cantonnement; en revanche, les hôteliers et les industriels de la ville mirent la plus grande activité pour exploiter nos pauvres mobiles. On osa leur vendre le cidre 80 centimes le pichet ! Au début de la campagne, commençait déjà cet infâme agio d'un commerce sans entrailles, spéculant sur la faim et la misère, sorte de trahison privée qu'on ne saurait trop flétrir et réprimer à l'avenir.

D'après les renseignements fournis, l'ennemi s'était retiré dans la direction de Pacy-sur-Eure. Le lieutenant-colonel de Beaurepaire, impatient de se mesurer avec lui, et voulant profiter de la surexcitation, à défaut d'enthousiasme, causée par le départ, décida qu'une reconnaissance aurait lieu le lendemain dans cette direction.

A cet effet, le lendemain 8 octobre, à six heures du matin, le lieutenant-colonel passa en revue son régiment, réuni pour la première fois tout entier sur le champ de manœuvre, et lui adressa l'ordre suivant :

« Nous sommes devant l'ennemi ; le pays « compte sur nous ! Il faut que, d'avance, chacun « de nous fasse le sacrifice de sa vie et soit con- « vaincu que c'est par une défense énergique « que nons pourrons préserver notre chère Nor- « mandie. L'ennemi, rencontrant dès le début « une résistance acharnée, y regardera à deux « fois avant de s'avancer dans le dédale de nos « haies et de nos fossés.

« Il faut, en outre, que chacun sache que c'est « un devoir d'honneur et de courage de se dé-

« vouer pour le salut de ses camarades. Il ne faut « qu'un cœur résolu ; tous nous l'avons ! Si ce- « pendant, contre toute probabilité, il y avait « quelques timides, qu'ils se rassurent : toutes « les balles ne tuent pas ; ce n'est qu'une pre- « mière émotion à passer. Qu'ils se rappellent « aussi que la loi militaire a des rigueurs salu- « taires pour les encourager :

« Abandon de son poste en présence de l'en- « nemi, — mort.

« Refus d'obéissance pour marcher contre l'en- « nemi, — mort.

« Abandon étant en faction ou en vedette, — « mort.

« Mourir pour mourir, mieux vaut que ce soit « noblement, en résistant à l'ennemi.

« De Beaurepaire. »

Après une distribution de pain et de cartouches, pour compléter les munitions à soixante cartouches par homme, le régiment prit la route de Pacy-sur-Eure, que l'on disait occupé par un escadron de cavalerie ; on avait laissé les bagages à Évreux, il n'était question d'abord que d'une reconnaissance ; mais, sur de nouveaux ordres du colonel Cassaigne, commandant le département, on poussa jusqu'à cette petite ville.

Les Prussiens, qui y avaient séjourné la veille, avaient eu un petit engagement avec les francs-tireurs, et nous vîmes, en entrant, des toits percés par les obus, des inscriptions allemandes sur les portes des maisons, et la consternation peinte sur tous les visages. Sur le bord de la route, dans un coin de champ, la terre était fraîchement remuée et piétinée. Là les Prussiens avaient enterré deux ou trois de leurs morts.

Le régiment devant séjourner à Pacy-sur-Eure, on prit les dispositions que comportait la circonstance : des grand'gardes furent placées ; celle du 3e bataillon occupait les hauteurs qui avoisinent la route d'Ivry-la-Bataille, sur l'emplacement où les Prussiens, partis de la veille, avaient eux-mêmes placé leur grand'garde.

On logea à Pacy, et notre cantonnement fut assez facile ; mais on était parti sans vivres, et la solde provisoire de 1 fr. par jour ne donnait droit ni au pain, ni aux vivres de campagne. La première condition d'une troupe en marche étant d'avoir ses vivres assurés, dans un pays déjà dévasté par les excursions des uhlans, notre mode d'administration et de ravitaillement laissait énormément à désirer. Il était impossible, dans les centres, de se pourvoir de vivres avec 1 fr. par jour, et l'on ne trouvait rien, même à prix d'or, dans les petites localités. Le lieutenant-colonel fit prévenir par télégramme M. le préfet de l'Eure d'avoir à nous expédier 7,000 rations de pain, qui furent envoyées le lendemain soir.

Le 9, le régiment se rassembla et se mit de nouveau en marche, sans sonneries ni batteries, précaution qu'on aurait dû employer pendant toute la campagne ; le tintamarre de clairons et de tambours qui accompagnait ordinairement chacun de nos mouvements a inspiré à un général prussien la boutade suivante : « Les Français, disait-il, aiment tant à aller au feu, qu'ils ont soin de nous en prévenir deux heures à l'avance avec leurs clairons. » Nous devions occuper les positions suivantes, qui avaient été assignées par le colonel Cassaigne, dont le quartier-général se trouvait à Merey :

Le 1er bataillon à Neuilly ;

Le 2e bataillon et l'état-major à Epieds ;

Le 3e bataillon à la Boissière, Serey-les-Bois et Bretagnolles.

Vers trois heures de l'après-midi, nous occupions les positions qui viennent d'être indiquées, sans rencontrer l'ennemi, qui pourtant était à chaque instant signalé dans les environs.

Rendu à sa destination respective, chaque chef de détachement prit les mesures nécessaires pour nourrir sa troupe.

Cette deuxième journée de campagne se passa sans incident remarquable. La grand'garde du 1er bataillon eut une fausse alerte en voyant briller des casques au lointain ; en un instant, toute la 2e compagnie, qui formait cette grand'garde, fut sur pied ; les hommes armaient silencieusement leurs fusils et préparaient leurs cartouches ; déjà les plus impatients mettaient en joue, lorsque les guerriers en casque, que l'on voyait s'avancer, entonnant un refrain populaire qui a fait le tour de la France, ne laissèrent aucun doute sur leurs intentions pacifiques, à l'égard de nos moblots, bien entendu ; ces prétendus Prussiens n'étaient autres que les pompiers d'un village voisin.

Dans le courant de la journée, une pareille alerte avait amené du côté du 1er bataillon le colonel Cassaigne, suivi de quelques officiers ; ils entrèrent dans une misérable cabane, située sur le bord du chemin, et tinrent conseil. Sur ces entrefaites, arriva un nommé Angot, limonadier à Ivry-la-Bataille, venant réclamer du secours, au nom de cette localité et des villages voisins, que les Prussiens ne cessaient de traverser et de réquisitionner ; leurs principaux cantonnements étaient, disait-il, à Anet et à Houdan. Il ajouta qu'un instant avant son départ, quarante cavaliers ennemis avaient traversé Ivry-la-Bataille, où ils s'étaient arrêtés quelque temps. Cette déposition venait confirmer, en quelque sorte, les observations du commandant Reynaud, qui, monté une heure auparavant sur le coteau de Mercy, avait distingué, vers Anet, les évolutions d'une troupe composée d'infanterie et de cavalerie.

Pour mettre fin à toute incertitude, de l'avis du colonel Cassaigne, le commandant du 1er bataillon fit demander dans son bataillon un homme de bonne volonté pour aller jusqu'à Anet. Le sergent Langrognet s'offrit pour cette périlleuse mission, et, déguisé en garçon meunier, il monta dans la charrette du sieur Angot et put ainsi traverser Ivry-la-Bataille et pénétrer jusqu'à Anet. Le soir, il était de retour, rendant compte de sa mission. Les troupes que l'on avait aperçues du haut du coteau étaient les gardes nationaux d'Anet.

D'après ces renseignements, l'ordre de marche, pour la journée du 10, fut fixé ainsi :

Le 1er bataillon se rendra à Anet ;

Le 2e à Saint-Georges ;

Le 3e fera séjour à Ivry-la-Bataille, pour se diriger le lendemain sur Houdan ou Dreux, selon les circonstances.

A son passage à Ivry-la-Bataille, le régiment reçut un accueil vraiment cordial et patriotique de la part des habitants ; l'administration municipale avait fait dresser, sur le Champ-de-Foire, des tables immenses où un repas fut servi à nos mobiles ; dans les cafés, même, on refusa de recevoir la moindre rétribution (1).

Le soir, le 1er bataillon, à Anet, et le 2e, à Saint-Georges, voyaient devant eux se développer un immense incendie : Cherisy était en flammes. Un mouvement d'indignation saisit nos hommes, les transporte ; et, dans leur patriotique enthousiasme, ils demandent à marcher à l'ennemi, à venger ces malheureux habitants, livrés sans défense à la merci de ces incendiaires, de ces lâches ennemis, qui, au mépris du droit des

(1) Le quart-d'heure de Rabelais vint un peu plus tard. Le maire d'Ivry a changé, et la nouvelle administration du lieu a réclamé une somme de 1,400 fr. pour ce repas, que personne n'avait songé à commander, et qui fut en quelque sorte improvisé dans un moment d'élan patriotique.

gens et des lois de l'humanité, se vengeaient par l'incendie de l'insuccès de leurs armes ou de la résistance qu'ils éprouvaient de la part de braves citoyens exerçant le plus sacré et le plus légitime des droits, celui de défendre son foyer.

Malgré son impatience, sa bravoure impétueuse, les conseils de la prudence retinrent le lieutenant-colonel de Beaurepaire. En effet, on avait entendu au loin les détonations de l'artillerie, et l'on disait l'ennemi aux environs de Dreux, fort de vingt-cinq mille hommes et de plusieurs batteries. Nous allons voir ce qu'il y avait de fondé dans ces bruits, en résumant rapidement les événements accomplis les jours précédents aux environs de cette ville.

Le 8 octobre, vers midi, trente cavaliers prussiens se présentaient inopinément à l'entrée du faubourg St-Jean; la ville fut surprise. Averti avant M. le Sous-Préfet, M. le Maire se rendit immédiatement au devant des hussards, et, dans des termes dignes et énergiques, il leur déclara qu'ils ne pouvaient entrer dans la ville, car elle ne se laisserait point imposer des réquisitions par quelques cavaliers; il ajouta que, s'ils persistaient, le peuple tirerait sur eux. Dans le cas où un corps d'armée occuperait Dreux sans que des forces militaires fussent là pour le défendre, les autorités verraient alors ce qu'elles auraient à faire. Intimidés, les hussards partirent en annonçant pour trois heures l'arrivée d'un corps de trois mille hommes et en invitant le maire à faire préparer une certaine quantité de réquisitions en vivres et en fourrages.

La journée du 8 se passait et les Prussiens ne paraissaient pas.

Les francs-tireurs et une partie des gardes nationaux de la ville, qui s'étaient mis sans hésitation à la poursuite des hussards, tuent un cheval et ramènent un cavalier prisonnier ; l'enthousiasme du peuple se ranime, l'on veut des armes : il faut des armes, la résistance est nécessaire, crie-t-on de toutes parts ; à bas la Mairie ! vocifèrent quelques hommes. On envoie des estafettes aux gardes nationales des environs et l'on demande par le télégraphe le 2e bataillon des mobiles de l'Orne.

Ainsi se termine la journée du 8 ; le 9 octobre commence par une manifestation patriotique magnifique : environ trois ou quatre mille gardes nationaux sont accourus des communes voisines, et un bataillon de mobiles de l'Orne, à la tête duquel se trouve un brave officier, M. le commandant Des Moutis.

Les forces à opposer alors à l'ennemi se composaient donc : de douze cents mobiles, deux cents francs-tireurs et environ quinze cents gardes nationaux armés de fusils pouvant servir. Tous ces détails, ainsi que ceux qui suivent, sont extraits de l'intéressante brochure intitulée : *Dreux et la Délégation du Gouvernement de la défense nationale*, par M. Peltereau-Villeneuve. A notre avis, il y avait alors à Dreux les éléments nécessaires de résistance contre les trois mille hommes annoncés ; ce qui manquait, c'était l'unité du commandement et une direction énergique et intelligente ; si les Prussiens avaient la supériorité de l'armement et de la discipline, les défenseurs de Dreux avaient l'avantage de combattre sur un terrain dont ils connaissaient jusqu'aux moindres replis et d'attendre l'ennemi.

Reprenons le récit de M. Peltereau-Villeneuve. Pour mieux faire comprendre les phases successives des engagements qui eurent lieu dans cette journée et la suivante, je dois indiquer ici en quelques mots la topographie des lieux :

L'Eure passe à deux kilomètres en avant de Dreux, au fond d'une vallée de 1,000 mètres de large environ ; deux ponts sont jetés sur la rivière à 1,500 mètres l'un de l'autre ; le premier, au nord, se trouve dans le village de Cherisy ; le deuxième, au sud-est, dans le village de Mézières-en-Drouais.

Les troupes prussiennes, soutenues par une demi-batterie d'artillerie, occupaient les coteaux dominant la rivière à l'est, au-dessus des deux villages. La mobile et les francs-tireurs gardaient la vallée et les ponts.

Les gardes nationaux, pour la plupart, se rendirent sur les côteaux de l'ouest, derrière la mobile, du côté de la ville.

Les Prussiens dirigèrent sur eux le feu de

leur artillerie : voyant qu'ils ne pouvaient répondre aux canons, qui leur lançaient des obus par dessus la vallée, ils se replièrent en masse, laissant la mobile et les francs-tireurs aux prises avec l'ennemi. Comprenant à leur tour que, sans commandement, sans uniforme, sans discipline, ils ne peuvent agir utilement, ils viennent d'eux-mêmes déposer à l'arsenal leurs armes et leurs insignes ; ils crient à bas le maire et le conseil municipal de Dreux. (Ouvrons ici une parenthèse avant de rendre la parole à M. Peltereau-Villeneuve. Le fait rapporté plus haut nous paraît au moins étrange : comment, voilà des hommes qui, reconnaissant l'impossibilité de tenter une défense efficace, vont d'eux-mêmes déposer leurs armes à la mairie et crient à bas le maire, à bas le conseil municipal, qui leur avaient conseillé la veille ce qu'ils viennent faire volontairement le lendemain, c'est-à-dire rendre leurs armes devenues inutiles ! Ou ces hommes étaient insensés, ou vaut-il mieux croire à un moment de confusion regrettable, à un manque de cohésion et de commandement, dont cette guerre nous a fourni tant d'exemples.)

Cependant l'ennemi recule vers cinq heures, grâce aux efforts des francs-tireurs et du bataillon de L'Aigle, et le soir arrive sans que les Prussiens soient entrés à Dreux. Sept prisonniers sont ramenés triomphalement.

Le 10 octobre, l'ennemi recommence son attaque ; un bataillon de six cents mobiles de Domfront et les gardes nationaux de Verneuil et de Nonancourt sont arrivés pour porter secours aux forces réunies à Dreux. La lutte s'engage sur les coteaux situés sur la rive droite de l'Eure, occupés la veille par les Prussiens.

Les gardes nationaux de L'Aigle, intimidés par la canonnade, battent en retraite comme ceux de Dreux l'avaient fait la veille. Les mobiles de Domfront, chargés d'opérer un mouvement tournant en traversant l'Eure sur le pont de Mézières, pour prendre l'ennemi en flanc, se replient également ; mais les mobiles de L'Aigle et les francs-tireurs de Dreux tiennent bon encore et empêchent les troupes prussiennes de passer le pont.

Le soir, les Prussiens se retirent de nouveau, mais auparavant, incendient, pour se venger, le hameau de la Mesangère et le village de Cherisy.

Le 15e mobile était, comme nous l'avons dit, à Anet et à Saint-Georges, regardant tristement flamber Cherisy et la Mesangère, à qui nous eussions pu peut-être éviter ce désastre par une marche rapide et un plan habilement combiné, si nous eussions été éclairés d'une façon précise.

INCENDIE DE CHERISY.

(*Extrait d'une lettre de M. Caillat, pasteur.*)

« En se retirant, les trente-deux uhlans demandèrent, à Cherisy, charmant village situé sur la route de Paris à Dreux, une contribution d'avoine et de bestiaux, qu'ils ne purent emmener, grâce aux francs-tireurs de Dreux, qui les poursuivaient activement. Le lendemain, dimanche 9 octobre, un détachement plus considérable retourna au village pour réclamer le montant de la réquisition de la veille.

« On lui en donna livraison; mais, au moment où il s'éloignait avec son butin, le détachement fut attaqué par les mêmes francs-tireurs, qui lui tuèrent quatre hommes, firent sept prisonniers et l'obligèrent à abandonner sa proie.

« Cet échec décida du sort de Cherisy... Un officier logé à Goussainville déclara à son hôte, non sans beaucoup d'émotion, qu'il avait l'ordre de brûler Cherisy. En effet, le lundi 18 octobre, un corps considérable marcha sur le village de trois points différents. Les uhlans se massèrent à 1 kilomètre environ de ma maison et restèrent près d'une heure immobiles. Alors ils s'élancèrent au galop comme des furieux dans la direction de Cherisy. Un des uhlans arriva sur moi, le pistolet à la main, en criant : gardes mobiles, gardes mobiles !

« Je lui fis signe qu'il n'y en avait point dans le village.

« Les uhlans se conduisirent en vrais démons, frappant ceux qui ne pouvaient s'écarter assez vite sur leur passage, brandissant leurs sabres, poussant des cris effrayants.

« J'avais sous les yeux une scène de la vie sauvage, comme celles dépeintes par Livingstone ou Baker. L'infanterie prit place sur une hauteur d'où elle commandait le village; puis, lorsque l'officier qui commandait jugea que les habitants devaient s'être éloignés, il envoya un détachement pour mettre le feu.

« Si Cherisy eût été un village purement agricole, l'accomplissement n'aurait pas été difficile; il aurait suffi de mettre le feu aux granges et de laisser l'élément destructeur achever son œuvre.

« Mais la route était bordée de maisons bourgeoises ne renfermant ni foin ni paille : on s'y prit différemment.

« Le cas était prévu ; aussi les incendiaires étaient-ils munis d'une composition de pétrole dont ils arrosèrent les meubles, lits, tables, etc., et puis ils y mirent le feu.

« Un tel moyen ne pouvait manquer de réussir : quarante maisons s'enflammèrent aussitôt; une seule ne prit pas feu. Les soldats, ne trouvant dans la boutique que des barils de soude, de savon et d'autres matières peu enflammables, pénétrèrent dans une chambre du fond et arrosèrent de pétrole un coin du lit et un matelas préparés par le propriétaire pour un soldat blessé, puis ils y mirent le feu; mais la flamme ne fit que lécher le pétrole sur le bois du lit et brûler une partie du matelas, qui était mouillé... Des maisons vastes ont été brûlées, sans qu'on se fût inquiété de savoir si elles ne renfermaient pas des personnes que l'âge ou la maladie rendaient incapables de s'enfuir..... mais ce n'est pas tout..... En arrivant au hameau de Mezengère, ils entrèrent dans la première ferme, magnifique établissement agricole...; le fermier, terrifié par le sort de Cherisy, chercha à s'y soustraire en offrant tout ce qu'il possédait. Les soldats acceptèrent des rafraîchissements, mais n'en témoignèrent pas moins la sinistre intention d'exécuter les ordres barbares qu'ils avaient reçus ; lorsque le fermier les vit prendre tranquillement des allumettes sur la cheminée, il les supplia, avec des larmes, au nom de sa femme et de ses cinq enfants, de l'épargner. Vaines supplications, pleurs inutiles : les soldats, sans émotion, sans remords, se dirigèrent vers les granges, pleines des produits de plusieurs années de travail, et y mirent le feu. J'ai vu de ma fenêtre quatre habitations, sur l'espace de 3 kilomètres, qui rougissaient le ciel de cette lumière funèbre. C'était une scène qui remplissait le cœur d'une indicible tristesse ; vingt-quatre heures plus tard, je me rendis au hameau, dont les maisons n'étaient plus qu'un monceau de cendres. »

A ces traits, nous devons en ajouter un autre, que nous donnons toutefois sous toutes réserves : deux jours après, dans une de nos reconnaissances qui se dirigea sur Cherisy, on nous montra la place où était enterré un uhlan, dont les pieds étaient à fleur de terre ; il nous fut raconté que, pour accomplir sa funèbre besogne d'incendiaire, il avait déposé son arme dans un coin ; saisi de colère à cette vue, le fermier à qui appartenait l'immeuble s'empare du fusil et étend le Prussien roide mort. Au milieu de ces effroyables événements, les curés de Cherisy et Louye se firent remarquer par leur dévouement et leur courage.

Revenons à Dreux ; les événements ont fait justice de cette fable, accréditée un instant, qui attribuait au maire de cette ville l'idée d'avoir préparé à l'avance, aux Prussiens, une rançon de 150,000 fr. ; quoi qu'il en soit, les autorités municipales et militaires s'étant réunies jugèrent la défense de la ville impraticable. Nous n'avons pas à incriminer cette détermination, mais n'était-elle pas au moins hâtive ? Les Prussiens s'étaient retirés et de tous côtés on signalait l'arrivée de renforts ; le 15e mobiles était à St-Georges, le 2e bataillon de mobiles d'Eure-et-Loir, parti de Maintenon, arrivait également en vue de Dreux ; voici, du reste, à l'appui de notre assertion, les fragments du journal d'un mobile d'Eure-et-Loir :

« Dans la nuit (10 octobre), on nous fait « partir de Maintenon pour porter secours aux « habitants de Dreux ; nous quittons Maintenon « à minuit, et au petit jour nous arrivions en « vue de Dreux. Quel ne fut pas notre désap- « pointement ! nous allions pour venger l'in- « cendie de Cherisy et la mort de nos frères, « et, en arrivant, on nous dit que, Dreux « ayant résolu de se rendre, nous ne pouvions

« aller plus loin (ici encore on raconte l'histoire « des 150,000 fr.). . . . .
« Nous dûmes alors retourner à nos campements « de Maintenon. »

Par suite de cette décision, les deux bataillons de l'Orne se replièrent, et Guillaume fit télégraphier et afficher dans tout son royaume la dépêche suivante :

« Versailles, 11 octobre.

« La division de cavalerie Rheinhabem a rejeté, « le 10 courant, quatre mille gardes mobiles « au-delà de l'Eure, près Cherisy, en leur faisant « subir des pertes sérieuses. »

Il est incontestable, aujourd'hui, qu'avec un peu d'entente et d'unité dans le commandement de ces corps disséminés autour de Dreux, et qui existaient sans être reliés ensemble, l'échec de Cherisy aurait dû être vengé.

Le lendemain (nous empruntons encore ces détails à la brochure de M. Peltereau-Villeneuve), dans une réunion du Conseil municipal, il fut décidé à l'unanimité que quelques-uns de ses membres se rendraient en parlementaires en dehors de la ville. Cette prudence excessive, ajoute l'auteur, fut jugée avec sévérité, parce que les événements démontrèrent qu'elle n'était pas nécessaire ; pour nous, nous ne la taxerons pas de prudence excessive, car il ne nous resterait plus d'expression modérée pour qualifier la lettre suivante, écrite par le maire de Dreux, le 11 octobre, au lieutenant-colonel du 15e :

Dreux, mardi 11 octobre 1870, 7 heures.

« La garde mobile, bataillon de l'Eure, a quitté « la vallée d'Eure et s'est repliée.

« Le maire de Dreux en donne avis à qui de « droit ; la ville de Dreux, étant ouverte, a décidé « *depuis un mois* qu'elle ne se défendrait pas « contre des forces ennemies imposantes. »

Nous avons souligné à dessein ces mots *depuis un mois*, c'est-à-dire cinq jours avant l'investissement complet de Paris ; ce n'est pas juger avec sévérité que de taxer de prudence excessive cette résolution de l'autorité municipale de la ville de Dreux, alors que l'ennemi était encore à soixante lieues de ses murs.

Le même jour, et malgré l'avis donné par le maire, les trois bataillons du 15e, réunis à St-Georges, se dirigeaient sur Dreux, où ils entraient vers deux heures de l'après-midi ; toute la population accourut et les reçut avec un enthousiasme vraiment patriotique ; les habitants firent une véritable ovation à nos soldats, riches et pauvres se les disputèrent pour les loger et les nourrir.

Le lieutenant-colonel fut fort étonné de trouver la ville entièrement dégarnie de troupes, et, en cas de retour offensif, il fallait agir promptement.

M. de Beaurepaire déploya en cette circonstance une activité dévorante ; il demanda des renforts de tous côtés. Les francs-tireurs de l'Eure, capitaine Dionnet, deux bataillons de mobiles de Lot-et-Garonne et un bataillon de mobiles de la Manche, enfin une batterie d'artillerie et 40 gendarmes, sous les ordres des capitaines Velly et Mignotte, vinrent successivement nous renforcer et constituer une petite armée pouvant s'élever à 6,000 hommes.

Dès lors, on se trouvait en mesure de résister et même de tenter un coup de main, si l'occasion s'en présentait. La défense régionale de l'Ouest était alors confiée au général Fiéreck, qui vint lui-même nous inspecter le lendemain. En voyant laisser à Dreux un corps de troupe aussi considérable, nous croyions qu'il entrait dans ses intentions d'en faire un centre de résistance capable de mettre fin aux excursions de plus en plus hardies de l'ennemi, qui commençait à ravager la Beauce et l'Eure, en même temps que d'en faire un point menaçant pour l'armée qui investissait Paris.

En effet, si la petite armée que nous avions alors avait eu un effectif plus considérable et un armement meilleur, car le bataillon de la Manche n'avait que de mauvais fusils à piston et presque pas de munitions, on aurait pu, peut-être avec succès, tenter une pointe dans la direction de Versailles par Houdan.

L'ennemi, nous sentant maîtres de Dreux et n'ayant pas en ce moment des forces suffisantes autour de Paris pour détacher des colonnes importantes loin de sa base d'opérations, s'était peu à peu retiré, et, pour en acquérir la certitude, on tenta une reconnaissance dans la direction de Houdan, devenu depuis quelque temps le point d'arrêt des éclaireurs prussiens. Nous arrivons ainsi au 17 octobre. Voici sommairement les incidents remarquables qui avaient signalé les journées des 13, 14 et 15 octobre :

Le 13, notre batterie d'artillerie s'était scindée : une demi-batterie s'était dirigée sur Maintenon, escortée par la 1re compagnie du 3e bataillon ; la 2e demi-batterie était restée à Dreux, sous le commandement du lieutenant Masson.

Les journées des 14 et 15 octobre furent employées en reconnaissances militaires sur les diverses routes aboutissant à Dreux.

Le 16, le lieutenant-colonel passa l'inspection du régiment.

Depuis notre arrivée, le commandement de la place de Dreux avait été confié au commandant de Labarthe, ayant pour adjudant de place le capitaine Calvet, et les précautions rigoureuses nécessitées par la proximité de l'ennemi furent prises ; enfin, pour ne rien omettre, on avait cru devoir procéder à l'arrestation de M. Batardon, maire de Dreux, qui fut dirigé sur Chartres, et de là sur Tours, pour avoir à justifier de sa conduite.

Le 17, après un conseil de guerre tenu la veille, et pour l'exécution de la reconnaissance dont nous avons parlé plus haut, une colonne mobile, composée des 1er et 3e bataillons du Calvados, des francs-tireurs de l'Eure et de deux brigades de gendarmerie, capitaine Velly, quittait Dreux sous le commandement du commandant Lacroix.

En même temps, informé par le maire de Goussainville, village situé à 8 kilomètres de Dreux et à 3 kilomètres de Houdan, que l'ennemi devait se présenter en force dans ce village le lendemain pour y faire des réquisitions, le colonel fit partir deux compagnies du 3e bataillon: la 3e compagnie, capitaine Delanney, et la 4e compagnie, capitaine Groualle, se dirigeant sur Goussainville par les voies ferrées, sur un wagon blindé mis à la disposition du commandant du détachement, le capitaine Groualle. Le but de l'expédition était de se placer en embuscade dans une ferme et d'enlever le parti ennemi qui devait se présenter pour prendre livraison de la réquisition dont il a été parlé.

Cette petite troupe, après avoir parcouru 6 kilomètres sur la ligne ferrée abandonnée depuis le commencement de la guerre, arriva à la gare, où son commandant prit les dispositions pour tenir tête à l'ennemi en cas d'attaque sur la voie. Mais le détachement parvint à destination sans avoir été inquiété, et il fut admirablement accueilli par les habitants et particulièrement par le maire. Le chef du détachement, après avoir rapidement exploré le village, reconnaissant qu'il n'y a pas de retraite possible dans un pays plat et découvert, mit le village en état de défense; dans l'espace de quelques heures, les maisons qui font face à Houdan sont crénelées et des tranchées sont ouvertes dans les endroits favorables à la position. A la chute du jour, une compagnie des mobiles de la Manche, commandée par M. de Mons, vint renforcer le petit détachement.

Le lendemain, quelques gendarmes, conduits par M. Clausier, lieutenant adjudant-major au régiment, pénétrèrent même dans Houdan et purent constater sa complète évacuation par l'ennemi, prévenu sans doute, comme toujours, de nos mouvements par ses nombreux espions, et qui, selon son habitude, se garda bien de nous attaquer là où il sentait la résistance résolue.

Le lendemain, c'est-à-dire après trente-six heures d'absence, le détachement, fort d'environ 400 hommes, y compris les francs-tireurs, rentra à Dreux, amenant un espion prussien arrêté à Goussainville.

Cette petite expédition avait été admirablement bien conduite par l'officier qui la commandait. Du reste, ce brave capitaine, pendant le cours de la campagne, n'a cessé de donner le plus bel exemple de courage et d'énergie. Malgré son âge, ses blessures et de nombreuses campagnes antérieures, on l'a vu sans cesse à la tête de sa compagnie, ou commandant le 3e bataillon; et, afin de ne pas revenir sur ce sujet, tant nous avons peur de froisser la susceptibilité de cet officier, aussi modeste que brave, disons qu'il fut, comme cela n'a été que trop fréquent dans cette campagne, le premier au feu et le dernier à l'heure des récompenses. Entré dans la mobile du Calvados comme capitaine de 2e classe au 21e de ligne, chevalier de la Légion d'Honneur, il a rejoint son corps capitaine de 2e classe ! Ce fait se passe de toute espèce de commentaire.

Le 16 et le 17 octobre, la cour martiale fonctionna pour les premières fois à Dreux. Le peu de patriotisme des habitants des campagnes, terrorisés par le système barbare que nos ennemis avaient adopté, leur faisait révéler tous nos mouvements; et, au besoin, ils leur servaient de guides, les aidaient dans leurs ravitaillements, indiquaient les cachettes des francs-tireurs, etc., etc. Un tel état de choses nécessitait une répression exemplaire et la punition des coupables. D'un autre côté, en appliquant à nos soldats cette terrible juridiction, on espérait, non pas rétablir la discipline dans notre troupe, qui, à peine formée, ne pouvait guère l'avoir oubliée, mais, par des exemples terribles, faire impression sur les esprits, leur inculquer profondément la notion de l'obéissance passive due par l'inférieur au supérieur, et leur prouver, ce qu'ils avaient encore peine à croire, qu'ils étaient désormais de vrais soldats régis par la loi militaire.

Un espion pris à Goussainville, du nom de

Fréville, cordonnier, sans domicile, et trouvé nanti d'un laisser-passer prussien, fut condamné à mort et exécuté le lendemain en présence de toute la garnison.

Le 17 octobre, un mobile d'Eure-et-Loir, le nommé Kabarrowitz, en désertion depuis quatre jours, ayant insulté un officier de la mobile du Calvados, fut arrêté, traduit devant la cour martiale, condamné à mort et passé par les armes le 18 octobre.

A la suite de ces deux exécutions, le lieutenant-colonel de Beaurepaire fit lire à l'ordre et placarder dans la ville de Dreux la proclamation suivante :

Ordre de la place de Dreux.

« Deux exécutions successives viennent d'avoir « lieu sous vos yeux. Le premier coupable voulait « révéler à l'ennemi nos moyens de défense, il « conspirait contre votre vie, il a été mis à « mort. Le second coupable, mobile d'Eure-et-« Loir, ne voulait pas se plier aux exigences « de la loi militaire, il a désobéi et insulté son « supérieur, il a été mis à mort. Que ces deux « exemples vous apprennent que la patrie ne « recule devant aucune rigueur pour assurer sa « défense et pour le maintien de la discipline.

« *Le lieutenant-colonel commandant*
« *les forces de Dreux*,

« Vicomte DE BEAUREPAIRE. »

Le 18 octobre, une cour martiale s'assemblait encore à Dreux ; cette fois le grade de l'accusé en avait modifié la composition, et, selon les règlements, le général de Malherbe en avait été nommé président. Le commandant d'un bataillon des mobiles de l'Orne (Domfront) comparaissait en raison de sa conduite pendant les journées des 9 et 10 octobre. Hâtons-nous de dire que la cour acquitta à l'unanimité ce brave commandant, en blâmant les poursuites dirigées contre lui.

Le lieutenant-colonel, appelé devant la cour pour donner des renseignements sur l'affaire qui allait être jugée, reçut, pendant l'audience, avis que les Prussiens avaient été vus en force du côté de Houdan et qu'ils paraissaient se diriger sur Dreux. Avec sa promptitude habituelle, le lieutenant-colonel se précipite hors de la salle de l'audience, donne avec rapidité quelques ordres, dirige ensuite vers le point indiqué les bataillons qu'il a sous la main; puis il gravit le sentier qui conduit au château de Dreux, pour se rendre un compte exact des mouvements de l'ennemi. Ne pouvant apercevoir du haut de la plate-forme les troupes qu'il venait de lancer, malgré les observations du gardien, il gravit les degrés qui conduisent au haut du dôme qui couronne la chapelle funéraire des princes d'Orléans, franchit le grillage qui en défend l'extrême sommet et, du haut de ce point, braque sa longue-vue sur l'immense horizon qui s'étendait devant lui. Rien ne révélant la présence de l'ennemi, il se retourne pour reprendre le chemin qu'il avait suivi pour monter; ses pieds se posent sur le cintre vitré qui représentait à l'intérieur le Saint-Esprit; un bruit de vitres brisées se fait entendre, puis le bruit sourd de la chute d'un corps. Le malheureux colonel avait senti le vitrage fléchir sous ses pieds, et, du haut de la coupole, il tombait d'une hauteur de 30 mètres au milieu de la chapelle, sur le lutrin, se brisant la tête et les membres sur les dalles.

Au bruit de cette chute accoururent immédiatement le gardien de l'édifice, M. d'Outremont, économe de l'hôpital, et M. le lieutenant officier-payeur Fagandet, qui l'accompagnait; ils ne relevèrent qu'un cadavre. Le docteur de Labordette, de la deuxième ambulance du Calvados, mandé aussitôt, ne put que constater le décès. Le lieutenant-colonel vicomte de Beaurepaire-Louvagny était mort victime de son attachement à ses devoirs, victime de son zèle pour son pays, dont il avait embrassé si ardemment la défense.

Ce fut une grande perte pour le régiment, qu'il avait en quelque sorte formé. Homme d'une grande énergie et d'une activité incessante, M. de Beaurepaire-Louvagny était un officier d'une bravoure éprouvée et appelé à rendre de grands services durant la campagne qui s'ouvrait.

Pour nous, ses compatriotes et ses soldats, qui, le cœur navré, l'avons accompagné à sa dernière demeure au milieu du concours immense de la population accourue pour donner un dernier témoignage de reconnaisssance à notre vaillant chef, le 18 octobre sera toujours une date néfaste : nous perdions M. Henri de Beaurepaire-Louvagny, notre lieutenant-colonel, mort pour sa patrie, dont il a bien mérité. Le lendemain, nous rendions les derniers honneurs à notre chef. Son corps, embaumé par M. William Bayle, attaché à la 2e ambulance du Calvados, fut dirigé sur Caen ; M. Jeanne Deslandes, son officier d'ordonnance, était chargé de la triste mission de remettre à sa veuve désolée, à ses cinq orphelins, la dépouille mortelle de cet époux, de ce père, que quelques jours auparavant ils quittaient plein de vie et plein de dévouement au salut de cette France qu'il a eu le bonheur de ne pas voir succomber (1).

Par ordre en date du 18 octobre, M. le général commandant supérieur de Chartres confia provisoirement le commandement du 15e régiment de mobiles et des forces militaires de Dreux à M. le commandant de Labarthe, le plus ancien des chefs de bataillon.

Pendant ce temps, l'ennemi avançait toujours ; le prince Albrech avait battu à Thoury l'embryon de l'armée de la Loire et s'était emparé d'Orléans, détachant la 22e division du corps *von der Thann*, qui, s'avançant dans une direction nord-

(1) Voir à la fin du volume une notice biographique sur M. de Beaurepaire.

ouest, s'empara de l'héroïque cité de Châteaudun; puis, se dirigeant immédiatement au nord, vers Chartres, elle prit position, du 19 au 20 octobre, devant cette ville, qui se laissa surprendre par la rapidité des mouvements de l'ennemi.

Le lendemain, nous recevions le télégramme suivant du capitaine de vaisseau commandant supérieur à Chartres :

« Chartres, 20 octobre 1870, 11 h. 50.

« Choisissez positions par les hauteurs qui « défendent Dreux, et ne *reculez pas devant* « *300 hommes ;* nous serons attaqués demain « à Chartres. »

Nous soulignons à dessein une partie de cette dépêche; nous eussions peut-être pu retourner le conseil à son auteur. En tous cas, quelques pièces d'artillerie pour garder les hauteurs eussent mieux valu qu'un conseil. Hâtons-nous de dire qu'il n'y en avait pas plus à Chartres qu'à Dreux.

On avait demandé également un peu de cavalerie au général Fiéreck; nos quelques gendarmes, surchargés de service, étaient harassés de fatigue.

Le général nous répondit :

« Le Mans, 20 octobre.

« Je n'ai pas un peloton de cavalerie dans mon « commandement, prenez francs-tireurs pour « servir d'éclaireurs. »

La suite a appris comment on était éclairé par cette utile institution des francs-tireurs.

Le même jour, à 2 h. 29 du soir, nous recevions du commandant militaire de Chartres un nouveau télégramme ainsi conçu :

« Toutes informations font croire qu'une armée « de 30,000 hommes se porte sur Chartres. Je « vais disposer voitures pour me retirer dans les « bois de Bailleau ; la retraite ne sera que lorsque « nous serons bien instruits.

« Prenez vos dispositions en cas d'attaque, « vous pouvez être aussi dans la nécessité de « vous replier. »

La journée du 21 octobre se passa dans la plus grande anxiété, il était évident que notre tour d'entrer en ligne n'allait pas tarder à sonner. Des patrouilles et des reconnaissances prussiennes, plus fortes et plus nombreuses que de coutume, ayant été signalées du côté de Houdan et de Nogent-le-Roi, les grand'gardes avaient été doublées, les recommandations les plus sévères avaient été faites aux postes avancés. On était sans nouvelles de Chartres; de vagues et alarmantes rumeurs circulaient. Un conseil de guerre, composé de tous les chefs de corps, se réunit sous la présidence de M. de Labarthe; à ce conseil assistait M. de Coynart, chef d'escadron d'état-major en retraite et commandant de la garde nationale de Dreux. A 9 heures du soir, aucune détermination n'avait été prise, aucune nouvelle certaine de Chartres n'étant parvenue. Enfin, vers 10 heures, arriva M. Fagandet, lieutenant, officier-payeur du 15e mobiles, venant de Chartres où il avait été mandé la veille au matin par télégramme de M. Rodet, sous-intendant militaire. Or, ce fait démontre d'abord d'une façon péremptoire combien les autorités militaires de Chartres étaient ignorantes de la marche et des forces de l'ennemi. Cet officier raconta au conseil de guerre alors réuni les faits qui venaient de se passer et dont il avait été témoin.

La journée avait commencé par un engagement à Thivart vers dix heures du matin, ensuite l'ennemi avait mis en batterie quelques pièces et avait bombardé et incendié quelques maisons du faubourg de Luisans ; il y avait même eu de la part des troupes un commencement de sérieuse résistance ; les fusiliers marins, barricadés à l'entrée de la ville, étaient résolus à se défendre ; le reste de la garnison, composé de mobiles, était dans d'excellentes dispositions d'esprit et prêt à se battre ; une demi-batterie d'artillerie arrivait de Maintenon, d'autres troupes venaient encore et, malgré une marche de 5 à 6 lieues, demandaient à combattre. Mais, sur les instances de la municipalité, le capitaine de vaisseau Duval, commandant militaire de Chartres, crut ne pas devoir défendre la ville, et M. le préfet Labiche se porta au-devant des troupes prussiennes, emporté dans un cabriolet sur lequel flottait le drapeau blanc ; il conclut avec le général qui les commandait une capitulation dont la principale clause était l'occupation de Chartres par les troupes prussiennes, mais à la condition que les troupes françaises qui s'y trouvaient pourraient se replier sur Châteauneuf, avec armes et bagages. Pour effectuer ce mouvement, il leur fut accordé jusqu'à quatre heures du soir, heure à laquelle les têtes de colonnes prussiennes entreraient en ville ; à deux heures du soir, la garnison ignorait encore le sort qui lui était réservé. Enfin, l'ordre de retraite fut donné et l'évacuation de la ville eut lieu avec une précipitation regrettable ; et les Prussiens, satisfaits de cette occupation sans coup férir, ne cherchèrent pas à faire prisonniers des centaines de mobiles ou de soldats dispersés dans la ville, pas plus qu'à ramasser les sacs, fusils et autres objets encombrant les rues ; mais il n'entre pas dans notre programme d'apprécier des faits dont la responsabilité ne nous incombe pas ; ignorant ce qui se passait, préoccupé des affaires de son service, M. l'officier-payeur n'avait quitté la ville qu'au moment de l'entrée des Prussiens, dont il avait vu le premier détachement se diriger sur la gare et couper les fils télégraphiques. De son témoignage ressortait clairement que l'ennemi, selon toutes probabilités, allait diriger une partie de ses forces sur Dreux ; d'après les données approximatives recueillies par cet officier, elles pouvaient s'élever de 18 à 20 mille hommes et 30 pièces d'artillerie.

Le conseil de guerre délibéra longtemps sur le parti qu'il avait à prendre ; le capitaine de vaisseau commandant à Chartres avait bien télégraphié une dernière fois, à la date du 20 octobre, 6 heures 55 du soir :

« Je vous donne l'ordre de ne pas abandonner « Dreux et d'y rester avec toutes vos forces. »

Mais que devait-on faire, alors que lui, investi du commandement en chef, disposant de forces supérieures aux nôtres, et dans une position meilleure, sans contredit, s'était replié ?

La défense de Dreux, ville bâtie dans le fond d'une vallée, ne pouvait être tentée efficacement qu'avec de l'artillerie, et nous ne possédions que 3 pièces de 4, ayant à peine 60 coups à tirer chacune ; on ne pouvait non plus compter sur le bataillon de la Manche, armé de fusils à piston et n'ayant presque pas de munitions. Les forces sérieuses consistaient donc dans le 15ᵉ mobiles, déjà réduit par les maladies à 2,800 hommes, qui tous n'avaient pas encore vu le feu.

Les faire lutter contre des forces probablement cinq ou six fois plus nombreuses et pourvues d'une bonne artillerie était témérité dangereuse et pouvait les démoraliser. L'ennemi, arrivant en une nuit de Chartres et de Houdan, pouvait gagner les hauteurs, nous tenir sous ses feux, nous entourer et nous prendre comme dans un filet ; d'un autre côté, on ne pouvait se résigner à quitter ainsi une ville en présence de l'ennemi sans avoir tiré un coup de fusil; enfin, des rapports exagérés, et auxquels on eut peut-être tort d'ajouter foi sans en vérifier l'exactitude, signalant l'ennemi dans toutes les directions et en nombre que l'imagination affolée des paysans grossissait d'heure en heure, le commandant de Labarthe se résigna à donner l'ordre de la retraite immédiate. On ne doit pas oublier non plus que, M. de Beaurepaire n'ayant pas été remplacé dans le commandement suprême de Dreux, le chef de bataillon, commandant seulement par intérim et n'ayant, depuis un jour, pas d'ordres précis sur ce qu'il avait à faire, devait nécessairement reculer devant la responsabilité d'engager la lutte, malgré les autorités de la ville, et dans une position désavantageuse contre des forces supérieures. M. de Coynart, chef d'escadron d'état-major en retraite commandant la garde nationale, présent au Conseil, insista vivement sur la nécessité de cette retraite, qui, au point de vue stratégique, était prudente et commandée par les circonstances.

Il fut décidé que trois compagnies resteraient devant la ville jusqu'au matin pour protéger notre retraite, qui s'effectua par une nuit froide et humide; la colonne arriva à Nonancourt, où elle passa la nuit du 22 au 23 octobre.

Le 23, c'est-à-dire le lendemain, nous reçûmes l'ordre de retourner à Dreux, où devaient nous rejoindre deux bataillons des mobiles de Lot-et-

Garonne et deux compagnies de fusiliers marins, commandées par le capitaine de frégate Félix du Temple (rang de lieutenant-colonel), qui prenait dès lors le commandement supérieur des forces de Dreux avec le rang de général de brigade à titre provisoire.

Au moment où nos bataillons quittaient Nonancourt pour reprendre leurs anciens cantonnements, un peloton de cuirassiers prussiens s'avançait jusqu'aux premières maisons d'un faubourg de Dreux et reprenait ensuite au galop la route de Chartres. Peu de temps après, arrivés au haut des coteaux qui dominent la ville, les 2e, 3e et 4e compagnies du 1er bataillon reçurent l'ordre d'occuper Cherisy, où, d'après les informations reçues, deux escadrons de cavalerie (lanciers noirs) devaient, le lendemain, essayer de forcer le passage du pont du chemin de fer et du pont de la route de Dreux. Ce dernier pont avait été obstrué, au moyen de grosses pierres, de façon à en défendre le passage à des cavaliers; derrière était creusée une tranchée avec des remblais.

La 2e compagnie occupait le village de Cherisy avec un poste avancé se reliant par une ligne de sentinelles posées sur la route jusqu'au poste de l'extrême avancé, composé d'une compagnie d'éclaireurs choisis parmi les volontaires du 1er bataillon et commandés par le sous-lieutenant Despallières, les sergents Langrognet et Godard.

Une sentinelle observait le chemin de traverse

qui part du bas du village et va rejoindre la grande route. Le reste de la 2e compagnie se trouvait derrière le pont, en réserve.

Vers le soir, deux hommes de la 1re compagnie faisant partie du poste avancé allèrent sans armes, malgré les recommandations faites, dans une ferme voisine ; à leur sortie, apercevant quatre cavaliers enveloppés de manteaux noirs, ils les prirent pour des gendarmes et allèrent à eux, et, au lieu de gendarmes, trouvèrent des uhlans qui les emmenèrent prisonniers.

Quand on s'aperçut de cette disparition, une patrouille, composée de gardes des 2e et 3e compagnies, commandée par M. Pierre de Kergorlay, s'élança au pas de course, mais revint sans avoir pu découvrir trace des cavaliers et de leurs prisonniers.

Cet événement avait donné l'éveil à nos mobiles, qui devinrent prudents; en même temps, les commandants des grand'gardes redoublèrent de vigilance.

Pendant ce temps, le reste de l'armée prenait de nouveau possession de Dreux, où les habitants le recevaient avec leur cordialité habituelle. Des grand'gardes furent envoyées dans différentes directions. D'après les rumeurs qui circulaient, la lutte, cette fois, était imminente. La nuit, pourtant, se passa sans incidents. Dès six heures du matin, le général, suivi de M. de Labarthe, remplissant les fonctions de chef d'état-major, avait parcouru les routes de Chartres et de Châteauneuf ; après cette reconnaissance, l'occupation de la ferme de l'Épinay fut décidée. La journée du 24, qui devait nous être si fatale, s'annonça par une légère escarmouche du côté de Cherisy.

Au matin, des cavaliers, ayant poussé jusqu'au poste avancé dont nous avons parlé, firent feu sur ce poste, probablement pour se rendre compte des forces qui le composaient ; une balle vint briser une tuile au-dessus de la tête du sous-lieutenant Despallières.

Bientôt un escadron tout entier vint à charger ; ce premier poste dut se replier sur une des sections de la 2e compagnie : deux sentinelles avancées des éclaireurs manquaient à l'appel.

Sur l'ordre du capitaine Vacheret, la compagnie entière se massa derrière le pont, tandis que le sergent Langrognet, avec quelques éclaireurs, allait tendre la main à une demi-section sous le commandement du lieutenant Raymond de Kergorlay, gardant le pont du chemin de fer.

Alors apparut un lancier noir rasant le bord des maisons, mais il tourna bride avant d'être à portée de fusil ; bientôt deux autres s'avancèrent à leur tour jusqu'à l'entrée du pont, plusieurs coups de feu partirent aussitôt, un de ces cavaliers fut blessé.

Quelques lanciers s'étant hasardés le long de la rivière furent également accueillis par des coups de fusil, et, malgré la distance énorme pour nos tabatières (environ 600 mètres), deux ou trois Allemands furent blessés ou démontés.

Dans le courant de la journée, le sous-lieutenant Jouen, envoyé en reconnaissance, trouva le cadavre de l'un des mobiles qui avait manqué à l'appel le matin : c'était le nommé Binet, de la 2e compagnie ; le malheureux avait le crâne fendu transversalement d'un coup de sabre et la main percée d'un coup de lance ; son sac gisait près de lui et avait été fouillé.

Le commandant de Labarthe, averti de ce qui se passait de ce côté, s'y rendit accompagné de l'officier d'ordonnance Deslandes. Ils purent constater la présence des vedettes prussiennes non loin de nos avant-postes et virent en leur présence tirer les derniers coups de feu sur les patrouilles prussiennes qui, après avoir rôdé depuis le matin autour de nous, se retiraient lentement.

Nous arrivons ainsi à l'épisode de la nuit du 24 octobre. Mais auparavant, il convient de faire connaître le mouvement du 1er bataillon et l'occupation par lui de la ferme de l'Épinay, occupation qui avait été résolue le matin, avons-nous dit plus haut. Informé, dès les premières heures du jour, qu'un corps de cavalerie venant de Houdan se rapprochait de Dreux, en même temps que l'ennemi s'avançait également par la route de Chartres, le général du Temple fit doubler les grand'gardes. Vers une heure du soir, les 1re, 5e, 6e et 8e compagnies du 1er bataillon, sous le commandement du commandant Reynaud, occupèrent la ferme de l'Épinay, qui fut mise en état de défense : les murs furent crénelés, un fossé, abri pour les tirailleurs, fut creusé le long du chemin, dans la partie comprise entre le bois des Cinq-Chênes et l'Épinay ; ce fossé était occupé par la 5e compagnie du 1er bataillon (1).

Peu de temps après cette occupation, quelques cavaliers prussiens commencèrent à apparaître et à galoper à travers la plaine, tournant avec précaution autour de la ferme pour se rallier derrière les maisons et disparaître ensuite.

Le commandant Reynaud fit placer aux créneaux la 2e section de la 8e compagnie, sous les ordres du lieutenant Guillouard, et envoya ensuite informer le général du Temple de ce qui se passait autour de son poste ; mais il eut le tort d'exagérer sa situation, qu'il dépeignait comme très-alarmante et très-critique, l'exposant à être cerné, avec sa petite troupe, d'un moment à l'autre; et, en outre, il ajoutait avoir vu évoluer au loin de l'infanterie, de la cavalerie et de l'artillerie. En réalité, voici ce qui se passait du côté de l'ennemi : dans la journée, une colonne forte d'environ 1,500 hommes au plus, tant infanterie que cavalerie, avant-garde d'un corps de 8,000 hommes, qui devait passer le lendemain par Marville, occupa ce bourg, où les Prussiens avaient disposé

(1) Voir la carte.

leurs logements pour passer la nuit, ne songeant nullement à prendre l'offensive, car ils savaient par leurs nombreux espions que nous étions en force ; prenant les précautions élémentaires de toute troupe en campagne, ils s'étaient entourés de petits postes d'infanterie, dont le plus éloigné de Marville et, par conséquent, le plus près de nos lignes, était placé dans le bois des Yeux-Bleds, attenant à la ferme de ce nom, et leurs cavaliers, dépassant encore cette limite, étaient venus caracoler jusqu'à une très-faible distance des positions que nous occupions à la ferme de l'Épinay, qu'ils savaient fortement gardée par nous.

Vers 5 heures du soir, le commandant Reynaud envoyait demander instamment des renforts au général du Temple par le sergent Lefèvre, de la 1re compagnie du 1er bataillon. A la même heure, le commandant en chef apprenait, d'une façon certaine, l'arrivée des Prussiens à Marville et la composition approximative de leurs forces, qu'il croyait être dirigées contre lui. Voulant prévenir l'attaque qui devait avoir lieu probablement dans la nuit, ou dès le matin, et aussitôt l'arrivée des 8,000 hommes dont il a été question plus haut, éviter peut-être un combat dans l'enceinte de la ville, et, en même temps, porter secours au 1er bataillon, qu'il croyait sans doute dans une position plus critique, il fit prendre les armes à toutes les troupes de la garnison de Dreux ainsi composée :

1re et 2e compagnies de fusiliers marins	240 hommes.
15e provisoire (Calvados). .	2,800
3e bataillon de la Manche. .	1,400
1er et 2e bataillons de Lot-et-Garonne (mobiles).	2,400
Demi-batterie de la 19e du 7e d'artillerie.	70
Gendarmerie . . . . . , .	40
Francs-tireurs.	50
Total. . . .	7,000
Troupes de gardes.	1,250
Restaient. . . .	5,750

Au moment où le mouvement était commencé et les troupes déjà hors de la ville, le général du Temple apprit, paraît-il, que l'attaque ne se prononcerait pas ce soir-là et que les Prussiens cantonnés à Marville étaient peu nombreux. Voulant utiliser ce déploiement de forces, et tirer un parti avantageux du mouvement commandé et de la bonne attitude de sa petite armée fermement résolue à combattre, il conçut la malencontreuse idée de vouloir, par une attaque de nuit, envelopper l'ennemi, à Marville, avec nos forces quadruples des siennes.

A la jonction des routes de Chartres et de Châteauneuf, le commandant en chef fit arrêter la colonne et transmettre l'ordre suivant par M. de Labarthe, qui remplissait les fonctions de chef d'état-major : « On va mettre sac à terre, puis

« continuer à marcher en silence jusqu'à l'en-
« nemi, qui est peu nombreux ; au premier feu
« de ce dernier, on répondra par un seul coup
« de fusil et on abordera à la baïonnette. »

Cet ordre fut communiqué à tous les officiers avec injonction de faire immédiatement charger les armes.

Ce plan d'attaque, puisque plan il y avait, présentait peu de chances de réussite ; les 1,500 Prussiens alors à Marville, aussitôt leurs avant-postes attaqués, se seraient repliés sur le gros de leur armée qui devait arriver le lendemain ; en outre, il présentait des difficultés d'exécution, péchait par sa base et par les notions les plus élémentaires de l'art de la guerre.

Exposer une jeune troupe, n'ayant jamais vu le feu, dans une attaque de nuit, était au moins imprudent. Loin de nous, pourtant, toute idée de nous ériger en tacticien et de donner des leçons de stratégie à M. du Temple.

Nous sommes les historiens d'un fait et nous le racontons. Du reste, la plupart des officiers alors sous les ordres de du Temple étaient loin de partager son enthousiasme pour cette expédition. Le brave officier d'artillerie qui commandait la demi-batterie essaya en vain de l'en détourner ; il lui fit observer l'inutilité de ses trois pièces, dont on ne pouvait tirer un parti avantageux la nuit ; le général persista à les emmener, pensant qu'on pourrait à distance canonner les Prussiens, aviser ensuite, et peut-être lancer une ou deux compagnies à la baïonnette.

En tous cas, les longs et honorables services de M. du Temple, sa bravoure incontestable et sa belle conduite à l'armée de la Loire plaideraient assez les circonstances atténuantes en sa faveur, si lui-même, avec sa loyauté habituelle, n'avait avoué avoir commis une grave erreur en commandant cette expédition ; maintenant que le fait est consommé et que nous envisageons froidement les choses, il est incontestable que déployer des bataillons pour surprendre un camp, alors que la nuit ne permettait pas d'en éclairer la marche, c'était les exposer à croiser leurs feux.

Enfin une charge à la baïonnette, exécutée par une nuit sombre, et par quatre ou cinq bataillons, à une heure où les officiers ne pouvaient dans l'obscurité se faire reconnaître et entraîner leurs soldats, était une opération qui devait amener une confusion regrettable.

Personne n'ignore que, pour qu'une attaque de nuit réussisse, il faut que, non-seulement les officiers supérieurs, mais encore tous les officiers, aient une connaissance suffisante du terrain où ils doivent agir ; ils doivent sommairement connaître le but que l'on se propose d'atteindre ; en outre, on leur indique, dans ce cas, une limite qu'ils ne doivent pas dépasser. Toutes ces précautions préliminaires n'ayant pas été prises, il arriva fatalement la catastrophe dont nous allons parler. Mais n'anticipons pas sur les événements, et revenons au bataillon de la ferme de l'Épinay.

A la nuit tombante, un fort peloton de uhlans paraissait en avant des maisons et on signalait de l'infanterie dans la direction de la route de Chartres. Les compagnies étaient formées, l'arme au pied, dans la petite avenue qui conduit à la grande porte de la ferme, les hommes suivant avec curiosité les manœuvres des quelques cavaliers qu'ils apercevaient au loin. Quelques gardes nationaux du pays avaient la surveillance de la plaine, à l'abri des ruines d'un vieux mur de clôture. Vers 6 heures 1/2, le commandant Reynaud donne l'ordre au capitaine Le Hardy d'aller, avec une partie de sa compagnie, occuper le petit bois adossé aux Yeux-Bleds, dont nous avons parlé en commençant. Voici les instructions qu'il reçut à cet effet :

« Vous disposerez, lui avait-il dit, vos hommes « de manière à ce qu'ils commandent la route et « puissent faire feu sur les uhlans que je vais « essayer d'effrayer en leur envoyant un feu de « peloton. Dans vingt minutes, je donnerai l'ordre « de commencer le feu. Soyez en ce moment « dans le bois et recevez-les bien. »

Deux gardes nationaux du pays furent donnés comme guides au capitaine Le Hardy. La nuit était venue, et la petite troupe s'engagea dans la plaine, en s'efforçant d'abord de profiter de l'abri de quelques pommiers épars près des maisons ; elle parvint ainsi, dans un profond silence, à 50 mètres environ du bois. Des bruits se faisant entendre dans cette direction, le capitaine fit faire halte à ses hommes, et chargea l'un des guides d'aller préalablement reconnaître ce bois ; après un court intervalle de temps, cet homme revint précipitamment en disant : « Les Prussiens sont là, je les ai entendus parler. » Presque aussitôt trois ombres s'avancèrent au-devant de notre reconnaissance ; d'un côté, on cria : Qui vive !.. de l'autre : *Ver da*, suivi de quelques autres mots allemands. Le capitaine Le Hardy commanda feu ! et trois Prussiens tombèrent en déchargeant leurs armes et en poussant d'affreux gémissements.

Les détonations avaient jeté l'alarme dans les premiers postes ennemis ; on entendit des cliquetis d'armes remuées et des voix dans le bois. Le capitaine Le Hardy, n'ayant qu'une trentaine d'hommes, se replia sur le bois de Garnay, et de là il voulut envoyer un des guides prévenir le commandant de sa rencontre avec l'ennemi ; mais, jugeant la mission trop périlleuse, ce garde national se refusa à la remplir, et force fut au chef de notre reconnaissance de reformer sa petite troupe et de regagner la ferme de l'Épinay, où il rendit compte lui-même au chef de bataillon Reynaud des incidents de sa mission.

Des trois Prussiens atteints dans cette rencontre (ces faits nous ont été rapportés plus tard), un seul fut tué sur le coup ; un autre, grièvement blessé, fut porté dans la ferme des Yeux-Bleds, où le fermier prêta un drap pour l'envelopper et le transporter à Marville, où il mourut peu de temps après son arrivée; quant au troisième, il ne fut que légèrement blessé, et, après un premier pansement à la ferme, il regagna Marville à pied.

Pendant ce temps, les Prussiens, qui avaient pris leurs cantonnements à Marville et se préparaient à y passer tranquillement la nuit, troublés dans cette opération par les quelques coups de feu qui venaient d'être échangés, se mirent sur la défensive ; leurs trompettes rappelèrent, ils prirent les armes et sortirent du village pour se porter en avant du côté de Dreux par la route de Chartres, leur droite allant jusqu'à la hauteur de la ferme des Boulards, l'extrême droite regardant juste la dernière maison des Cinq-Chênes, masquée par le bois et la ferme de l'Épinay, route de Châteauneuf, et là, prêts à tout événement, ils restèrent spectateurs du combat que nous allons raconter. On ne peut douter aujourd'hui que c'est à cette incertitude que nous dûmes de ne pas avoir à déplorer de plus grands malheurs dans cette soirée; car, profitant de la perturbation jetée dans nos rangs par notre méprise, ils eussent pu nous attaquer à leur tour et presque nous anéantir.

Vers 7 heures 1/2 du soir, au moment où une splendide aurore boréale embrasait le ciel d'une lueur rouge, la petite armée du général du Temple s'avançait échelonnée ainsi : en tête, une compagnie de francs-tireurs de l'Eure ; ensuite, une section de la 1re compagnie du 2e bataillon en avant-garde ; puis, le 2e bataillon du 15e mobiles, le 3e bataillon du même régiment, le 3e bataillon des mobiles de la Manche, la demi-batterie d'artillerie, deux compagnies de fusiliers marins et les deux bataillons de Lot-et-Garonne. A l'instant où la droite du 2e bataillon du Calvados dépassait les premières maisons des Cinq-Chênes, à hauteur du deuxième poteau télégraphique qui se trouve à la suite des maisons, quelques coups de feu, deux ou trois, partirent d'un petit bouquet de bois sur le flanc droit de la colonne. Par qui ont-ils été tirés ? Par les Prussiens, ou, par méprise, par quelques francs-tireurs ou gardes nationaux ? Cette dernière hypothèse nous semble seule admissible. Nous avons décrit plus haut la position qu'occupaient les Prussiens, et l'on ne saurait expliquer comment un de leurs postes eût pu se trouver dans ce petit bois. Quoi qu'il en soit, les ordres donnés quelques instants auparavant ne furent que trop ponctuellement suivis. A peine ces quelques coups de fusil ont-ils été entendus que, pressant convulsivement la détente de leurs fusils, de la tête à la queue de la colonne, nos mobiles font feu sans commandement, sans ajuster, dans la direction d'où étaient partis les premiers coups ; les bataillons ayant dans la marche perdu leur distance, il arriva que la colonne, s'étant allongée démesurément, occupait une ligne en forme d'S, que les feux des derniers pelotons vinrent atteindre ceux de la tête, et que, sans s'arrêter au premier coup de feu, nos soldats manquant de calme rechargent et tirent de nouveau. Quelques compagnies, se conformant à l'ordre donné, s'élancent à la baïonnette, un désordre atroce s'en suit; la panique s'en mêle, la route est abandonnée, les hommes se jettent à droite et à gauche dans les fossés et dans les taillis, ou vont s'abriter derrière les obstacles qui se trouvent à leur portée, et là continuent le feu. Aux Cinq-Chênes, sur la route, à l'angle du bois, se trouve une grange, dans laquelle plusieurs mobiles affolés se précipitent et, par une fenêtre, continuent le feu, tirant dans la prairie et sur la route sur leurs malheureux camarades. De leur côté, les mobiles qui s'étaient jetés dans le bois de Marmousse dirigent leurs coups sur la fenêtre où ils aperçoivent des hommes faisant feu.

Cependant, dès le commencement de l'action, M. du Temple, reconnaissant que le mouvement déplorable qu'il avait commandé allait causer une catastrophe affreuse, s'élance à la tête de la colonne, et, secondé de son chef d'état-major, parvient, au milieu du sifflement des balles, à se faire entendre, et à arrêter un instant cet affreux conflit.

Pendant ce temps, le commandant du 1er bataillon, resté à la ferme de l'Épinay, formait sa troupe adossée au mur de la ferme, faisant face à la route de Châteauneuf; ensuite, par une marche de flanc, se portait plus à droite, s'engageant dans un petit chemin qui conduit à la route de Chartres, et le bataillon s'établit en bataille au milieu de ce chemin et des champs, la gauche touchant la ferme et parallèle à la route de Châteauneuf; là, le commandant essayait de se rendre compte de ce qui se passait, lorsque des rangs du 1er bataillon un coup de fusil, parti par maladresse, détermina un feu de panique des trois dernières compagnies du bataillon. Heureusement que ces coups furent tirés un peu vers la gauche et n'atteignirent pas les autres bataillons où les clairons avaient déjà commencé à sonner leurs airs de marche et le : cessez le feu. Le commandant du 1er bataillon seul défendit à ses clairons de sonner et continua longtemps d'attendre. Cependant tous les officiers faisaient les efforts les plus énergiques pour arrêter leur troupe où un commencement de désordre et de débandade se produisait. Enfin, après quelques minutes d'une anxiété terrible, l'ordre et le silence se rétablirent partout, et, malgré la nuit devenue sombre depuis la fin de l'aurore boréale, malgré la méprise funeste qui nous avait fait nous entre-tuer, nos bataillons se rallièrent rapidement, la petite armée se reforma en colonne de route, et, clairons en tête et sonnant la marche, on rentra à Dreux dans un ordre parfait, et un peu plus tard le commandant Reynaud se décidait aussi à rentrer avec ses hommes.

Nous devons ajouter que, pendant cette scène, les Prussiens restèrent tranquillement spectateurs, se tenant sur la défensive, et ne comprenant absolument rien à cette fusillade ; ils étaient, a dit l'un de leurs officiers, d'autant plus intrigués qu'ils savaient pertinemment ne pas avoir de troupes de ce côté. Ce fait, qui nous est révélé par une lettre de M. de Coynart, chef d'escadron d'état-major en retraite, au rédacteur du *Journal de Lisieux,* nous confirme encore dans cette opinion que pas un coup de fusil prussien n'a été tiré sur la sortie du général du Temple ; pareil détail nous avait déjà été fourni à notre retour à Dreux au mois de novembre, où un charretier, réquisitionné par ces mêmes Prussiens de Marville, nous a dit être resté avec eux couchés dans les bois pendant notre combat, et qu'ils étaient dans la plus grande anxiété, hâtant l'arrivée de renforts par des signaux de détresse.

Cependant la ville était fort inquiète ; dès sept heures du soir, de vagues et tristes rumeurs circulaient. Les ambulances, aux premiers feux de peloton, s'étaient préparées à se rendre sur les lieux du combat. Au premier rang, nous devons citer la 2e ambulance du Calvados, dirigée par le docteur de Labordette, secondé par Mme la comtesse de Montgommery, M. le comte de Bertheux, les aides Lugand et Bayle. Le Père Granger, à son tour, se rendait en toute hâte du côté de

Marville. De leur côté, les frères de la Doctrine chrétienne, dirigés par leur directeur, homme énergique et dévoué s'il en fut, préparaient des lits pour recevoir nos blessés, et, quand nos têtes de colonnes commençaient à rentrer en ville, des secours de toute nature se dirigeaient vers le théâtre de la lutte.

Comme on pourra le voir par le tableau annexé à la fin de ce livre, nos pertes ne furent que trop sérieuses dans cette fatale affaire. Dès les premières décharges, le cheval du commandant Lacroix était atteint et roulait dans un fossé, entraînant son cavalier qui, heureusement, en fut quitte pour quelques contusions. Le capitaine adjudant-major du bataillon de la Manche, M. de Chivré, mortellement blessé, succomba le lendemain.

Des morts, des blessés, hélas ! trop nombreux, gisaient sur le champ de bataille. Parmi ses officiers, le 15e provisoire eut MM. Lecorre, capitaine, Vachier et Barbey, sous-lieutenants, blessés.

Le succès n'avait malheureusement pas couronné cette première entreprise ; néanmoins, nous avions appris que notre jeune troupe, aguerrie, serait solide au feu, et Dieu sait si, dans cette occasion, il fut vif et digne d'une meilleure occasion. Nous apportons ici les témoignages de vieux vétérans, tels que le commandant Hommey, du 2e bataillon, alors capitaine, de ses collègues, MM. Groualle et Lecorre, capitaines au 21e de ligne ; de leur aveu, en Crimée et en Italie, ils n'avaient entendu, dans un engagement de quelques minutes, les balles siffler avec autant d'intensité. Avant d'en finir avec ce déplorable épisode, ajoutons que quelques gendarmes envoyés préalablement en éclaireurs revinrent vers 6 heures 1/2 annoncer qu'ils n'avaient rien vu d'insolite.

Quelques autres, envoyés en éclaireurs également peu de temps avant l'engagement, ne revinrent que dans la soirée ; se trouvant au-delà de nos lignes et ne comprenant non plus rien à ce qui se passait, ils n'avaient osé se hasarder à rentrer qu'au moment de la retraite, ayant reconnu nos sonneries. Peu s'en fallut alors que leur présence à un kilomètre de nos troupes ne vînt ajouter encore un épisode sanglant à cette malheureuse affaire. Au moment où nos mobiles se ralliaient et se repliaient sur Dreux, le lieutenant d'artillerie Masson aperçut au loin quelques cavaliers noirs ; dans un premier mouvement, il eut la pensée de leur envoyer quelques obus pour protéger notre retraite et les tenir à distance ; mais, réfléchissant avec raison que cela pourrait amener de nouveaux désordres dans la colonne, il ne parla de ce fait que plus tard.

Cependant cette tentative malheureuse avait profondément affecté nos jeunes soldats, qui apprirent en rentrant la fatale méprise qui les avait amenés à s'entre-tuer. En face de cet état des esprits, s'attendant à être attaqué à son tour sérieusement le lendemain, le général du Temple réunit dans la nuit un conseil de guerre où la retraite fut résolue, sur Nonancourt pour le 15e mobiles, le bataillon de la Manche, l'artillerie et les fusiliers marins, et sur Anet pour les bataillons de Lot-et-Garonne.

« La promptitude et la régularité de l'évacuation de Dreux, a dit M. du Temple dans une lettre, fut telle que l'ennemi ignorait où nous nous étions retirés, et qu'il hésita plus de vingt-quatre heures avant d'entrer à Dreux. Je ne sais pas si de véritables troupes de ligne eussent mieux fait. »

En effet, les Prussiens, fidèles à leur habitude de prudence et quoique parfaitement renseignés sur notre évacuation, craignant que cet abandon de la place ne fût qu'une feinte de notre part pour dissimuler un retour offensif, se contentèrent d'envoyer quelques uhlans le matin jusqu'au faubourg St-Martin ; deux de ces cavaliers complètement ivres osèrent s'avancer plus loin et furent désarmés par la foule qu'ils menaçaient. Dans la journée du 25, vers trois heures du soir, les troupes prussiennes, devancées par un escadron de cavalerie, entrèrent dans Dreux ; elles étaient commandées par le général von Schmit et fortes d'environ 5,000 hommes, appuyés par quatre batteries d'artillerie.

Deux heures avant, notre petite armée prenait position à St-André, après une longue marche de nuit par une pluie fine et glaciale. Nos pauvres mobiles grelottaient, trempés jusqu'aux os, sous leurs maigres vareuses effiloquées et en lambeaux. Cette marche pendant cette nuit de triste mémoire était coupée par des haltes inquiétantes ; on marchait accablé, le cœur serré ; les mobiles, se tenant à peine, et luttant contre la fatigue et le sommeil, se heurtaient à chaque pas. Vers le matin, on arrivait à St-Georges-sur-Eure et enfin à St-André vers une heure, où l'on passa la nuit du 25 au 26 octobre. Le 27, nous quittions St-André pour aller occuper les positions suivantes :

Le 1er bataillon, à Nonancourt.

Le 2e bataillon, avec la marine et l'artillerie, à Louye.

Le 3e bataillon gardait les hauteurs de St-Germain-sur-Avre, se reliant au 1er bataillon.

En même temps, le général du Temple adressait à la petite colonne l'ordre du jour suivant :

« Officiers et soldats,

« Vous allez occuper de nouveaux postes. Je « ne vous aurai plus sous les yeux, mais je n'en « veillerai pas moins avec sollicitude sur vous. « Je ne puis encore vous adresser d'éloges sur « votre tenue et votre solidité au feu. Si quel-« ques bataillons n'ont pas fléchi, quelques-uns « pris de vertige se sont retirés en désordre dans « la dernière affaire de Dreux. Je ne suis que « depuis peu de temps parmi vous, mais je ne « puis m'empêcher d'être touché de votre pa-

« tience et de votre abnégation dans les tristes « circonstances où nous nous trouvons.

« Du courage, pauvres gens, qui avez tout « quitté pour défendre votre pays. Officiers et « soldats, formez-vous vite, serrez les rangs, du « calme, et vous serez bientôt les soutiens et les « sauveurs de notre pauvre pays. Ce que je de- « mande à Dieu, c'est qu'il m'aide dans la belle « et lourde tâche qui m'incombe, celle de vous « guider.

« *Le commandant de l'armée d'Eure-et-Avre*,

Félix DU TEMPLE.

Le 28, nous restâmes dans les mêmes positions. Aux difficultés de notre situation venaient s'ajouter encore les difficultés du ravitaillement ; nous étions pourvus depuis peu de jours de la solde sur pied de guerre (0,25 par jour) avec vivres de campagne (1), mais nous n'avions avec nous ni convois ni membre de l'intendance. M. le sous-intendant Rodet avait délégué, pour remplir auprès de notre corps d'armée les fonctions d'officier d'administration comptable des subsis-

(1) Les vivres en campagne se composent, par jour, de :
750 gr. de pain ou 550 gr. de biscuit.
300 gr. de viande ou 250 gr. de lard salé.
30 gr. de riz ou 60 gr. de haricots.
16 gr. de sel.
21 gr. de sucre.
16 gr. de café.
Dans les derniers temps, la ration a été considérablement augmentée.

tances militaires, M. Mainfroid, commissionné au titre de l'armée auxiliaire; mais cet officier, jeté, par les hasards de la guerre, des affaires commerciales dans le service de l'intendance, n'avait ni toute l'aptitude ni toute l'activité nécessaires pour faire vivre, dans des villages appauvris, 8,000 hommes. Le commandant de la colonne fit appel à l'initiative de tous les chefs de corps et commandants de compagnies; on vécut, on peut le dire, comme on le put, pendant un jour ou deux; pourtant, après ce premier moment passé, M. le capitaine Calvet, du 15e mobiles et ancien élève d'administration, prit en main cette mission délicate de faire vivre un corps d'armée de 8,000 hommes, et, grâce à son habitude pratique du métier, à son activité et au concours intelligent que lui prêtèrent MM. Brun-Vivarais et Lainé, officiers du 3e bataillon de la Manche, les vivres abondèrent et les distributions se régularisèrent.

Il est de notre devoir de rendre ici un hommage public au dévouement et à la charité dont fit preuve M. le curé de Louye: lui-même s'employa avec un zèle infatigable à procurer des vivres à nos mobiles affamés, et les officiers ont trouvé dans son presbytère la plus cordiale hospitalité. C'est au nom de tous que nous lui exprimons aujourd'hui notre reconnaissance.

CHAPITRE III.

Verneuil. — Senonches. — La Ferté-Vidame. — Armée de l'Ouest. — Retour à Dreux. — Combat du 17 novembre 1870. — La 8e compagnie du 3e bataillon au hameau de Nuisement.

Le 29, les 1er et 3e bataillons, passant par Tillières, se rendaient à Verneuil, où ils arrivaient le soir par une pluie torrentielle.

Le même jour, l'état-major, le bataillon de la Manche, le 2e du Calvados et l'artillerie quittaient le château de Louye, et les environs pour coucher à Tillières.

Le 30, le 15e mobiles et le reste de l'armée étaient réunis à Verneuil où nous avaient devancés les bataillons de Lot-et-Garonne.

Le 31, les 1er et 3e bataillons quittaient Verneuil pour se rendre à La Ferté-Vidame, où les ambulances de Bayeux rejoignirent nos mobiles, amenant avec elles un nombreux personnel.

Le 2 novembre, le 1er bataillon allait occuper la forêt de Senonches.

Ce fut à cette époque seulement que nous parvinrent quelques effets de campement, dont le besoin s'était si vivement fait sentir; le dépôt du corps nous envoyait également quelques effets d'habillement et d'équipement, confectionnés dans des conditions aussi déplorables que les premiers.

Au 3 novembre, les positions du régiment étaient celles-ci :

Le 2e bataillon et l'état-major à Verneuil.

Le 3e bataillon à la Ferté-Vidame, alternant avec les bataillons d'Eure-et-Loir pour les cantonnements suivants, avec la garde de la forêt : *les Trois-Pierres*, *les Puisayes*, *la Sozet*, *la Bouzardière*, *la Mancelière*, *les Bois-Verts*, *les Châtelets*, *la Saucelle*, *les Ressuintes*, etc., etc.

Le 1er bataillon, campé dans la forêt de Senonches, dans la neige et manquant souvent d'eau potable, était à *la Framboisière*, *aux Hauts-Cornets*, *à Digny*, *au Fresneau*, *aux Fourneaux-Bousnard*, et même sur la commune de Thimert, aux portes de Châteauneuf, dans le château Tresneau et à la Pyramide, où la 8e compagnie demeura plusieurs jours tenue en alerte par les reconnaissances ennemies.

Enfin, le régiment était fractionné en quatorze ou quinze localités, sur une ligne de dix lieues ; ceci peut donner une idée de la difficulté que notre administration a dû éprouver par suite de cet état de choses. Le commandement était ainsi subdivisé : le 2e bataillon était sous la direction du général du Temple ; le 3e, sous le commandement du lieutenant-colonel de La Marlière de La Sauvagerie ; enfin, le 1er bataillon, sous les ordres du lieutenant-colonel Marty, du 36e régiment de marche.

Du 1er au 15 novembre, les rapports de nos bataillons n'offrent rien de remarquable ; nous n'avions aucune nouvelle de l'ennemi. Pendant les premiers jours de station à Senonches, le lieutenant Guillouard, envoyé en reconnaissance avec une compagnie de francs-tireurs d'Eure-et-Loir, avait poussé jusqu'à Châteauneuf et tiraillé avec quelques uhlans, dont quelques-uns furent tués, et était rentré avec son détachement, après avoir tenu la campagne pendant sept jours. Il y a lieu maintenant de s'étonner de l'étrange direction donnée à ces 25,000 hommes échelonnés sur une ligne de 18 à 20 lieues, partant de Nogent-le-Rotrou à Verneuil (1). Ces

(1) Les forces qui couvraient ce pays étaient les suivantes :

Troupes de ligne :

Le 36e régiment de marche.

1 bataillon de chasseurs à pied.

1 escadron de chasseurs à cheval.

1 batterie du 7e d'artillerie (19e batterie).

1 compagnie du génie (4e compagnie du 2e régiment).

Gendarmerie.

Troupes de marine :

1 bataillon d'infanterie de marine.

1 bataillon de fusiliers marins (le 3e).

Garde mobile :

4 bataillons de mobiles du Calvados.

2 bataillons de mobiles de la Corrèze.

4 bataillons de mobiles d'Eure-et-Loir.

5 bataillons de mobiles de la Manche.

1 batterie d'artillerie d'Ille-et-Vilaine.

5 compagnies de francs-tireurs.

Près de là, se trouvaient les mobiles de l'Orne, de l'Eure et de l'Ardèche.

troupes garnissaient tout le Perche et la Beauce, sans direction unique, sans être reliées entre elles, ignorant même mutuellement leur existence, et, par conséquent, dans toute impossibilité de coopérer à une action commune, formant enfin un fragile cordon destiné à être rompu au premier choc, sans utilité au point de vue de la défense régionale. Il est incontestable que nous avions là des forces, sinon suffisantes pour attaquer, du moins capables de se tenir sur une défensive énergique et de résister à un corps d'armée ; enfin, par leur emploi habile, on eût pu, en dernier ressort, rendre la marche de l'ennemi plus lente, et lui faire perdre par là un de ses éléments de succès, c'est-à-dire l'arrêter dans la rapidité de ses concentrations et de ses manœuvres, qui, malgré de terribles exemples, nous ont toujours laissés surpris et découverts.

Mais, encore une fois, nous n'avons pas à porter devant l'histoire le poids de la responsabilité incombant au chef qui commandait alors cette partie du territoire, et notre mission doit se borner à raconter les faits accomplis sous nos yeux.

Afin de n'omettre aucun détail concernant notre régiment, nous devons mentionner ici que, par décision du 30 octobre, M. de La Marlière de La Sauvagerie, chef du 1er bataillon de la garde mobile d'Eure-et-Loir, avait été nommé lieutenant-colonel pour commander le 15e mobiles en remplacement de M. de Beaurepaire, décédé. Le

10 novembre, cet officier n'était pas encore prévenu officiellement de cette nomination. Pourquoi, dans la suite, refusa-t-il ce commandement? *That is the question.*

M. de Labarthe continua à exercer provisoirement le commandement du régiment. Le 13 novembre, la petite armée du général du Temple reprenait le chemin de Dreux. Cette fois, nos forces en cavalerie, jusqu'alors composées de quelques gendarmes, s'étaient augmentées d'un demi-escadron du 2e régiment de cavalerie mixte (chasseurs à cheval), sous le commandement du capitaine en 1er de La Roche-Thulon, et nous avions une batterie complète de pièces de 4.

Qu'allions-nous faire à Dreux? Nous nous perdions en conjectures sur le chemin de cette ville à laquelle nous semblions fatalement voués; il était alors, croyons-nous, question d'un mouvement simultané des armées de la Loire et de l'Ouest sur Paris, car, depuis quelque temps, les événements s'étaient précipités. D'Aurelles de Paladines, vainqueur à Coulmiers, allait, disait-on, tendre la main à Trochu; mais, presqu'au même temps Bazaine, avait rendu Metz. Nous sentîmes profondément ce nouveau coup de la fatalité : évidemment les 170,000 hommes de Frédéric-Charles allaient aisément venir grossir les innombrables hordes allemandes qui étreignaient Paris sous leur cercle de fer. En effet, après sa jonction avec les troupes du roi Guillaume, le prince Charles mit en mouvement son armée, unie à celle du duc de Mecklembourg, se disposant à occuper la Beauce et le Perche, et à en chasser les corps épars et trop disséminés dans ces contrées, et que les Prussiens prirent un instant pour un bras de l'armée de la Loire.

Le 14, le maire du Bû informa le général du Temple que quelques francs-tireurs avaient tué un officier et quelques cavaliers aux environs de ce village, et que nos ennemis, fidèles à leur barbare système, adopté pendant cette campagne, de faire peser sur les populations inoffensives la responsabilité des actes des belligérants, devaient revenir en force et incendier le village. Une colonne de trois bataillons de mobiles et de deux compagnies de marins, appuyée par trois pièces d'artillerie, se dirige aussitôt sur ce village, et, après un détour par la forêt de Dreux, arrive vers trois heures à un kilomètre du Bû.

Des paysans viennent annoncer que des cavaliers prussiens sont encore dans le village ; deux compagnies de marins se détachent et s'élancent à la baïonnette. Les Prussiens n'attendirent pas cette attaque, et nous les vîmes fuir à toute bride, courant de Marchezais à Sarville et de Sarville à Goussainville. L'alerte était donnée : nous n'avions eu affaire qu'à une reconnaissance : une vingtaine de coups de canon furent tirés sur un détachement ennemi qui se montra ensuite à environ 2 kilomètres. Les marins commencèrent également sur lui un feu de tirailleurs, mais il disparut bientôt dans un petit bois et nous reprîmes la route de Dreux, où la colonne rentrait à 7 heures du soir.

Peut-être informé de cette attaque, le duc de Mecklembourg quittait Angerville pour se diriger en toute hâte sur Dreux.

Les 1er et 3e bataillons arrivaient à leur tour à Dreux les 15 et 16 ; ces deux jours se passèrent dans un calme relatif, pendant que l'ennemi fondait sur nous avec sa rapidité d'évolution que, malgré nous, nous avons été tant de fois contraints d'admirer.

Comme nous l'avons dit précédemment, les journées des 14 et 15 furent employées à préparer nos moyens de défense. Cette fois, on était résolu à n'abandonner la place qu'à la dernière extrémité ; mais on croyait généralement que ce moment était encore éloigné. L'idée de la proximité de l'ennemi en forces considérables était loin de tous les esprits ; non-seulement notre général l'ignorait, mais il paraîtrait que le Gouvernement de la défense nationale lui-même n'en avait pas le moindre soupçon.

En effet, tandis qu'on écrivait de Tours que le prince Frédéric-Charles n'avait pas encore rejoint le grand-duc de Mecklembourg, le même grand-duc avait déjà fait plus de 30 lieues depuis sa jonction, et occupait, le 14, Angerville, qu'il quittait pour venir nous surprendre dans les conditions que nous ferons connaître tout à l'heure. Cette idée d'une attaque prochaine de l'ennemi sur Dreux était si loin de l'esprit de M. du Temple, qu'il avait d'abord laissé partir la veille nos six petites pièces d'artillerie, appelées à l'armée de la Loire, et qu'ensuite, en recevant, le matin du 17 novembre, les officiers du 1er bataillon, qui lui étaient présentés à leur arrivée à Dreux, après leur avoir adressé quelques paroles bienveillantes, il avait ajouté que, désormais, nous n'allions plus nous contenter d'attendre l'ennemi et que nous devions prendre incessamment l'offensive, qui convenait mieux au caractère français; que, très-prochainement, après avoir reçu l'artillerie qu'il attendait, nous marcherions en avant.

La suite va nous apprendre comment s'est effectuée cette marche en avant. A l'heure où parlait M. Félix du Temple, le grand-duc de Mecklembourg était à Nogent, c'est-à-dire à 17 kilomètres de nous.

Nous devons préalablement faire connaître les ressources dont disposait le commandant supérieur de Dreux.

2e bataillon de mobiles de la Manche, à Abondant	1,100 hommes.
3e bataillon id. à Dreux.	1,100
15e provisoire, à Dreux. . .	2,600
2e bataillon d'Eure-et-Loir, à Tréon	1,000
3e bataillon de fusiliers marins.	720
Chasseurs à cheval .	75
Gendarmes. . .	35
Total.	6,630

M. le capitaine Anthoine remplissait les fonctions de commandant de place en remplacement de M. Calvet, chargé du service des vivres. Une chose digne de remarque, pendant cette période à jamais néfaste, c'est l'indifférence des populations rurales et des autorités placées à leur tête, pour le salut de leurs concitoyens. Aussitôt leur territoire envahi, tout entières à satisfaire les exigences des Prussiens, elles ne songeaient nullement à nous prévenir.

Les quelques renseignements que nous pouvions obtenir de ce côté étaient incohérents et peu dignes de foi; quant à notre cavalerie, composée de quelques chasseurs, trop peu nombreuse, elle n'osait trop s'aventurer au-delà de nos lignes. Il est un système de renseignements que nous avons trop négligé pendant cette campagne et que les Prussiens pratiquaient sur une large échelle, employant même leurs officiers à cette écœurante besogne : ce système est l'espionnage, moyen que réprouve la vieille loyauté française; les espions ennemis grouillaient dans nos lignes, et nous n'osions, nous, avec notre caractère franc et généreux, soudoyer des agents pour pénétrer le secret des mouvements de nos adversaires; aussi nous n'avons été que trop victimes de ce préjugé. Qu'on se rappelle ce lieutenant prussien fusillé à Paris, au début de la guerre, pour crime d'espionnage, et criant en tombant sous les balles : *fur faterland !* pour la patrie !

Le 16 novembre cependant, on avait vaguement avis de mouvements de l'ennemi apparaissant plus nombreux que de coutume. En conséquence, le 3ᵉ bataillon reçut l'ordre suivant :

« Le commandant du 3ᵉ bataillon partira avec « deux compagnies de son bataillon à son choix « et un peloton de chasseurs d'Afrique ; il se por- « tera sur la route de Nogent-le-Roi, où il « s'éclairera le mieux possible sans s'engager ; « il ira jusqu'à Villemeux, s'informera de ce qui « se passe à Nogent-le-Roi et poussera jusqu'à « cette petite ville, qu'il occupera si le parti « ennemi n'est composé que de cavalerie.

« Dreux, 16 novembre 1870.

« *Signé* : F. DU TEMPLE. »

A midi, le commandant du 3ᵉ bataillon partit pour exécuter la reconnaissance ordonnée avec les 4ᵉ et 8ᵉ compagnies, précédées d'un peloton de chasseurs à cheval commandé par le sous-lieutenant Marochetti.

Cette reconnaissance acquit la certitude de l'existence d'un corps d'environ 4 à 5,000 hommes à Nogent avec une artillerie formidable ; on avait, dit-on, vu passer et marcher sur Nogent 30 ou 40 pièces de canon ; de plus, on venait d'apprendre que Chartres était de nouveau occupé par 45,000 hommes.

Les chasseurs à cheval, s'étant hasardés au-delà de Villemeux, avaient été accueillis par les feux des avant-postes prussiens.

Le 16 novembre au soir, le curé de Marville fut informé d'une manière positive par un habitant du Boulay-Mivoye que les Prussiens étaient campés en forces au bois de Brou, à la croisée des routes de Chartres et de Nogent-le-Roi à Châteauneuf; le curé, de concert avec des conseillers municipaux, envoya une note signée du maire; elle fut portée par trois jeunes gens aux avant-postes de Dreux. Comme le cachet n'y était pas, on n'en tint nul compte et les jeunes gens furent gardés prisonniers. Ils ne furent rendus à la liberté qu'au moment de la retraite, et ne purent rentrer que plusieurs jours après.

Rien, pourtant, jusque-là ne faisait prévoir une attaque sérieuse; cependant on se mit sur la défensive. Dans un conseil de guerre réuni dans la soirée, le commandant supérieur assigna à chaque bataillon sa place de bataille dans l'éventualité d'une attaque. Sur ces entrefaites, le 2e bataillon d'Eure-et-Loir était venu nous appuyer et avait pris position à Tréon.

Enfin le 17 novembre arriva. Après la réception du matin, dont nous avons parlé, on apprend d'abord que nos grand'gardes de Cherisy, après avoir été en alerte toute la nuit, tiraillaient depuis le matin avec les patrouilles prussiennes. Néanmoins, on continua une distribution de quelques effets de campement et d'habillement que l'on avait ordonnée; un exercice même avait été commandé pour la journée, lorsque, vers midi, deux coups de canon retentissant au-dessus de la vallée de la Blaise, vinrent nous apprendre que nous étions attaqués.

Cependant la fusillade était engagée depuis longtemps à Imbermais, mais on ne l'entendait pas de Dreux. A midi, tout était calme dans la ville; la fusillade s'engagea entre les premiers mobiles envoyés vers Rieuville et Nuisement; ils refoulèrent les cavaliers qui s'avançaient jusqu'à 500 mètres de la gare dans les vignes. Aussitôt qu'ils furent chassés des bois, une batterie prussienne, qui était près de Blainville, ouvrit le feu sur Nuisement, et, presque au même moment, la batterie qui était à gauche et qui se trouvait un peu en avant d'Imbermais, ouvrit le feu sur la ferme de Chambléan, et fouillait tout le bois.

Le général du Temple fit aussitôt prendre les armes, la 3e compagnie du 1er bataillon du 15e va doubler la 1re de grand'garde à Cherisy.

La 4e compagnie du même bataillon va également appuyer la 2e compagnie de grand'garde dans une ferme à gauche du Luat.

Une compagnie de la Manche partait renforcer la grand'garde de son bataillon au village du Luat.

A peine ces détachements étaient-ils lancés dans ces directions, qu'on vint annoncer la présence de l'ennemi sur la route de Chartres et de Châteauneuf.

Après s'être rendu à l'évidence d'un engagement sérieux se prononçant nettement sur quatre points différents, par les routes de Chartres,

Châteauneuf, Houdan et Nogent, c'est-à-dire sur les trois quarts d'une circonférence dont Dreux était le centre, cercle que l'ennemi menaçait de resserrer afin de nous envelopper, le général du Temple prit rapidement les dispositions suivantes :

Dès midi, la 8e compagnie du 3e bataillon avait été envoyée dans la direction de Nuisement, où se trouvaient en grand'garde deux compagnies de la Manche (3e bataillon) et une compagnie de marins.

Le 3e bataillon du 15e prit la route de Chartres, où il avait été précédé par les fusiliers marins et les compagnies du 3e bataillon de la Manche, restés à Dreux.

Les 5e, 6e et 8e compagnies du 1er bataillon du 15e, sous les ordres du commandant Reynaud, devaient se porter au secours du demi-bataillon de droite, engagé du Luat à Cherisy.

Le 2e bataillon, moins les 4e et 5e compagnies, de grand'garde à Fermaincourt, était établi en réserve sur la hauteur de la ville, derrière la caserne.

Notre ligne de bataille était donc : la droite à Tréon ; 2e bataillon d'Eure-et-Loir ; le centre à Nuisement, 3e bataillon de la Manche (Coutances), compagnies de fusiliers marins, 3e bataillon du Calvados, moins la 6e compagnie de ce bataillon, de garde aux Osmeaux et au Petit-Cherisy ; la gauche, de la ferme du Luat à Cherisy et Abondant, 1er bataillon du Calvados, deux compagnies de mobiles du 3e bataillon de la

Manche, 2e bataillon de mobiles de la Manche (Cherbourg).

Le principal effort de l'ennemi se porta sur notre centre, à Nuisement et Rieuville; dès son arrivée, notre 3e bataillon s'était déployé de la manière suivante :

Les 1re, 2e et 4e compagnies en tirailleurs sur la route de Châteauneuf, derrière un pli de terrain, dans un champ qui borde le côté droit de la route, la droite appuyée au village de Vernouillet. A une trentaine de mètres en arrière se tenait le capitaine Groualle avec une réserve de tirailleurs. Au moment où l'aile droite de cette ligne de tirailleurs venait de s'établir, masquée par une élévation de la route d'un mètre environ, une soixantaine de cavaliers s'avancèrent de ce côté; le lieutenant Guillouard avait recommandé à ses hommes de ne faire feu qu'à son commandement, et de laisser approcher les uhlans; malheureusement, un coup de feu partit par maladresse, et les cavaliers tournèrent bride; l'embuscade était découverte. La fusillade et le canon venaient d'éclater sur toute la ligne; les Prussiens démasquèrent leurs batteries, quelques-unes de leurs pièces tirèrent dans la direction du demi-bataillon de droite du 3e bataillon, et criblèrent cette petite colonne de projectiles, dont la plupart éclatèrent en arrière dans le ravin de Vernouillet.

Les 3e et 5e compagnies, déployées de la même manière que les précédentes entre la route de Châteauneuf et celle de Chartres, reçurent le feu des autres pièces. Nos mobiles, couchés à terre, faisaient feu dans cette position et répondaient aux obus à coups de tabatière, supportant bravement cette pluie de fer.

Après une violente canonnade, on vit se déployer, à l'abri des batteries, de longues files de tirailleurs, et derrière, se masser des réserves profondes, semblant sourdre de la terre, et dont le nombre allait grossissant sans cesse. Cette longue file de tirailleurs s'avance méthodiquement contre Nuisement et Rieuville; les marins, couchés dans un petit bois, les laissent avancer jusqu'à 100 mètres, font une décharge meurtrière qui anéantit presque toute la ligne qui leur faisait face; mais d'autres tirailleurs se détachent des réserves et viennent remplacer ceux qui sont tombés. Le 3e bataillon de la Manche ouvre le feu à son tour avec ses fusils à piston, et, sous une pluie de fer et de plomb, essaye de lutter. Le capitaine de Mons, au premier rang, fait feu comme le dernier de ses soldats; les Prussiens étaient à peine à 20 mètres de lui, lorsqu'il tomba frappé de deux balles.

Les marins continuent à faire une fusillade nourrie; mais que peut faire ce millier d'hommes contre ces nuées d'ennemis? Un instant un mouvement d'hésitation se produit dans les lignes prussiennes; les braves matelots de l'équipage de la *Gauloise* parlent déjà de courir à la baïonnette, lorsqu'on voit tout à coup s'ébranler de grandes masses noires qu'on avait aperçues au loin ; le cercle de feu va se resserrant autour de cette poignée de mobiles et de marins, menaçant de l'envelopper d'un bout à l'autre de nos lignes.

Cependant le général de Malherbe venait d'arriver dans la place pour inspecter cette garnison, qu'il trouve luttant héroïquement. A 3 heures, nous n'avions pas cédé un pouce de terrain, les Prussiens nous fusillaient et nous canonnaient à distance, n'osant se mesurer à la baïonnette, se contentant de nous resserrer de plus en plus dans le cercle qu'ils essayaient de former autour de nous. Le général de Malherbe avait décliné la responsabilité du commandement, n'ayant pas une connaissance suffisante des lieux ; mais, après s'être rendu compte qu'un contre six, la lutte devait nécessairement nous être fatale, il donna l'ordre de la retraite.

Vers 4 heures 1/2, on commença à exécuter le mouvement ; les Prussiens, voyant que leur proie menaçait de leur échapper, redoublent leurs feux et poussent des hurrahs formidables. Nos mobiles, vigoureusement soutenus par les marins, ne se replient que lentement et en combattant ; l'ennemi s'élance sur nos positions aussitôt qu'elles sont abandonnées. A peine le petit bois de Nuisement est-il évacué qu'il s'y établit une batterie, qui tira quelques volées sur nos troupes en retraite. Pendant ce temps, toutes les troupes placées au centre battaient en retraite pour se rallier sur le talus de la gare du chemin de fer.

Maintenant, arrivons à ce qui se passait à gauche.

On se rappelle que les 1re, 2e, 3e et 4e compagnies du 1er bataillon gardaient cette partie de terrain s'étendant du hameau du Luat jusqu'à Cherisy ; elles furent attaquées presque en même temps que les troupes placées sur la route de Chartres par deux régiments en colonne à distance de bataillon, protégées par des tirailleurs et des cavaliers débouchant par le pont de Mézières ; derrière l'infanterie ennemie apparaissaient des escadrons de cavalerie et une batterie d'artillerie.

La 2e et la 4e compagnies occupaient la route de Nogent, à 3 kilomètres de la gare ; la 1re, la route de Houdan jusqu'au village de Cherisy ; la 3e compagnie, le pont de la route de Houdan, la ligne ferrée et le viaduc du chemin de fer.

A St-Gemmes, des marins essayaient de s'opposer à la jonction des deux corps prussiens arrivant de Houdan (1) et de Nogent.

Jusqu'à 4 heures 1/2, ces compagnies, tenant tête à l'ennemi, avaient gardé leurs positions, et, laissées sans ordre par le chef de bataillon Reynaud, qui devait se mettre en communication avec elles, elles avaient dû faire un mouvement

(1) La troupe venant de Houdan était une forte reconnaissance de 1 bataillon du 1er régiment de la landwher de la garde, 2 escadrons de uhlans et 2 pièces ; elle s'est avancée jusqu'à Marolles seulement, parce que la forêt de Dreux était occupée. De plus, il y avait eu un engagement assez sérieux à Berchères, près de Houdan. Sans ces deux circonstances, on était coupé et tout était pris.

L'infanterie s'arrêta à Marolles et la cavalerie seule vint jusque au-dessus de Cherisy.

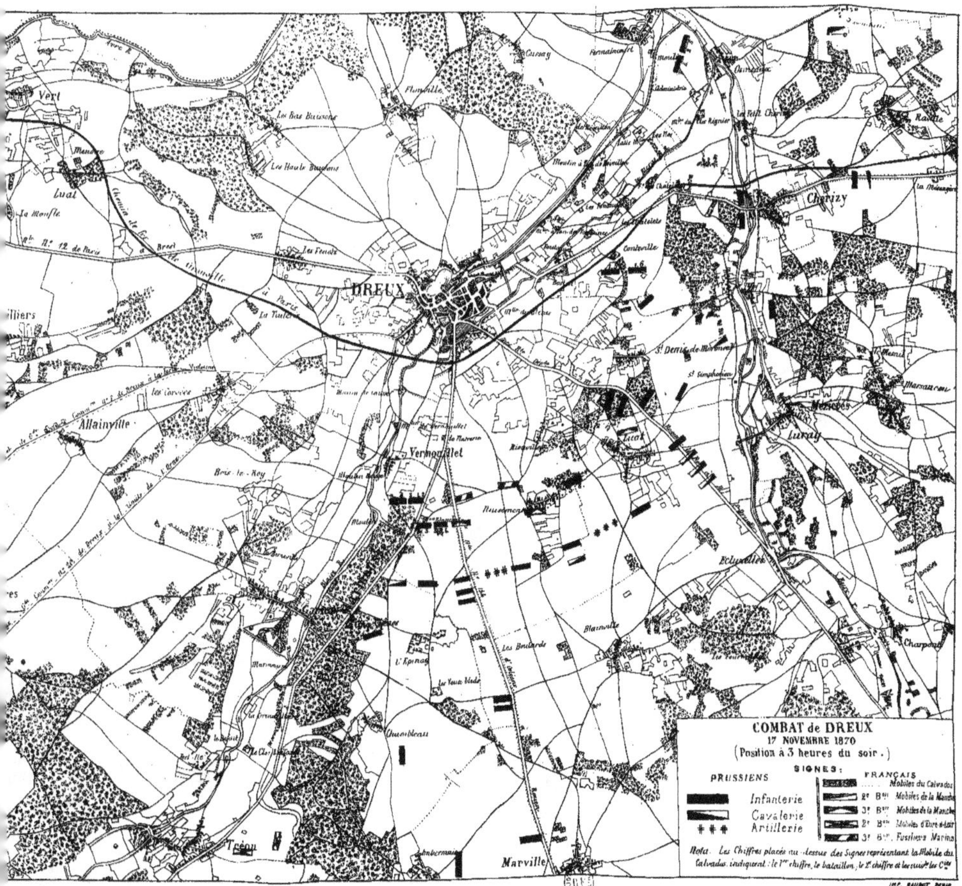

IMP. BAUBOT, PARIS

en arrière et reculer d'environ 300 mètres, se ralliant pour occuper une position plus avantageuse. A cette heure, arriva M. le commandant de Labarthe ; prévenu du brusque et inexplicable départ du chef de bataillon Reynaud, il venait prendre le commandement, sous les balles et les obus qui pleuvaient au Luat. Cet officier supérieur, emporté par sa bravoure habituelle et ne voyant devant lui qu'un petit nombre d'ennemis, n'ayant pu se rendre compte des positions qu'ils occupaient et des réserves qu'ils tenaient à distance, voulut, par un retour offensif, donner le temps aux autres bataillons de se rallier ; en même temps, de sa voix éclatante, il crie : en avant! s'élançant lui-même à 50 mètres au devant de ses troupes qu'il entraîne. Marins, mobiles de la Manche et du Calvados se précipitent ; mais à peine ont-ils marché un demi-kilomètre, qu'ils sont criblés de projectiles. Heureusement le tir si méthodique des Prussiens, dérangé par ce mouvement en avant, perdit de sa justesse habituelle ; obus et balles passèrent en sifflant au-dessus des têtes de cette vaillante petite troupe. Sous un feu terrible, on dut se rallier, et, tout en combattant, faire une retraite que les circonstances rendaient critique. S'apercevant de ce mouvement, les Prussiens poussent des hurrahs sauvages et se mettent à leur tour à charger vigoureusement, menaçant de couper la retraite à cette poignée d'hommes. Alors les marins, suivis d'une quarantaine de mobiles, font un demi-tour encore une fois, s'élancent au pas de course jusqu'à un petit bois et, protégés par cet abri, font une dernière décharge qui arrête un instant les Allemands.

La petite colonne put arriver jusqu'à la gare, où elle rejoignit le reste de la garnison, moins les 6e et 8e compagnies du 3e bataillon, les 1re, 3e, 5e, 6e et 8e compagnies du 1er bataillon, le bataillon d'Eure-et-Loir attaqué à Tréon, et le 2e bataillon de la Manche devant la forêt de Dreux, à Abondant; ce dernier, dans cette affaire, ne fut pas engagé.

Nous ne savons si notre récit peut donner une juste idée du courage déployé dans cette circonstance par nos mobiles, luttant un contre dix avec des troupes aguerries, pourvues d'artillerie et supérieurement armées, en leur opposant leurs fusils à tabatière. « Je dois dire, écrit un officier dans son rapport, que nos fusils à tabatière ne faisaient pas merveille; j'ai vu un brave soldat de ma compagnie, le garde Lieuray, être obligé de démonter deux fois son fusil sous les balles pour pouvoir tirer. »

Eh bien, dans de telles conditions d'infériorité, on avait tenu en échec l'ennemi pendant cinq heures. Que dirions-nous du 3e bataillon de la Manche, à Nuisement et à Rieuville, se battant intrépidement sous la mitraille avec de vieux fusils à piston?

Nous allons, après avoir retracé sommairement le combat du 17 novembre, raconter, ainsi que nous l'avons dit, le rôle des 8e compagnies du 3e bataillon, et 5e, 6e et 8e compagnies du 1er bataillon, dont les aventures, dans cette journée, sont toute une odyssée.

Les lignes suivantes sont extraites littéralement des rapports ou lettres des officiers qui ont commandé dans cette affaire et ont fait preuve de sang-froid et d'un courage au-dessus de tout éloge.

LA 8e COMPAGNIE DU 3e BATAILLON, A NUISEMENT.

Ordre de la Place.

« Le commandant de la 8e compagnie se por-
« tera de suite au village de Nuisement avec sa
« compagnie, entre la route de Chartres et celle
« de Nogent, pour s'établir en grand'garde et
« soutenir la grand'garde précédente.

« Dreux, le 17 novembre 1870.

« *Le chef de bataillon*,
« *Signé :* LACROIX. »

« Aussitôt la réception de cet ordre, dit le brave capitaine Lecorre, je m'empressai de l'exécuter ; il était alors près d'une heure de l'après-midi. Avant d'arriver au village de Nuisement, j'apercevais l'ennemi si distinctement que je pouvais compter les files de chaque peloton. Je conduisis ma compagnie dans le bois qui se trouve à gauche du village de Nuisement ; là, je m'occupai à chercher la grand'garde précédente, ainsi que cela m'était prescrit; je n'y trouvai que deux compagnies de la Manche, occupant le village même, et les marins, qui étaient placés à droite, un peu plus rapprochés de Dreux. Voyant que l'ennemi s'avançait, je fis aussitôt déployer en tirailleurs ma première section sur le bord du bois, la droite placée à moins de 100 mètres de la gauche du village; la deuxième section restant en réserve. A peine le mouvement était-il commencé que l'ennemi nous attaquait vigoureusement; son intention était, je crois, de nous faire reculer, afin de pouvoir tourner le village et prendre les marins et les deux compagnies de la Manche. Mes hommes, assez bien abrités, se défendaient bravement; j'ai été assez heureux de les voir tous rester à leur poste jusqu'à mon commandement pour la retraite. Les marins et les deux compagnies de la Manche décimées s'étaient déjà repliés qu'aucun de mes hommes ne bougeait encore. L'ennemi était si près de nous que nous fûmes obligés de marcher par le flanc gauche, mais non en reculant. J'avais l'intention de conduire ma compagnie dans l'autre bois, sur la hauteur, dans la direction de Nogent; je m'aperçus trop tard que cette position était déjà prise par l'ennemi; m'étant avancé dans les vignes qui séparent les deux bois, je me retournai pour voir si ma compagnie m'avait suivi. Qu'on juge de notre position! Nous étions découverts et attaqués de deux côtés; les projectiles pleuvaient sur nous, je crois qu'ils ne tombaient pas plus dru, en Crimée, à la prise du bastion central. Que faire avec mes quelques hommes au milieu de cette pluie de fer? Je recommandai à mes mobiles de s'éparpiller, autrement il n'en serait pas revenu un seul : ce fut dans un jardin entouré d'un bois d'épines, à 3 ou 400 mètres, dans la direction de la ville, que je m'arrêtai jusqu'à la nuit. Je n'avais plus que cinq hommes avec moi. Dans cette marche, j'avais été séparé de mon lieutenant, M. Marion, resté avec une partie de sa section. Au milieu du bruit, il n'avait pas entendu mon commandement de retraite. Deux hommes, qui m'avaient également suivi, avaient été tués à mes côtés par les obus; un autre avait été blessé, et, vers 7 heures 1/2, je le fis conduire dans une maison un peu éloignée de la gare; j'entendais l'ennemi parler en traversant quelques champs dans la direction de Cherisy. Je fus assez heureux de traverser la ligne du chemin de fer et de rencontrer un brave homme qui vint nous diriger à travers les jardins et les ruisseaux. Étant monté derrière la caserne, au lieu de prendre la route de Nonancourt, par laquelle je craignais de rencontrer l'ennemi, et surtout sa cavalerie, je m'étais dirigé par St-Germain, et, à 3 heures du matin, je rejoignis à Nonancourt.

« Je dois, en finissant, une mention toute spéciale au sergent Bliand (Jean-François), de ma compagnie, qui, au village de Nuisement, a tué un officier prussien et blessé plusieurs soldats. »

Ajoutons à notre tour que le brave capitaine Lecorre est un vétéran de Crimée et d'Italie, qui compte de beaux états de service et de glorieuses blessures, et l'on a pu voir par les lignes précédentes son opinion sur nos mobiles et sur leur attitude au feu. On ne saurait contester la compétence d'un tel juge en pareille matière.

Complétons maintenant le récit du capitaine Lecorre par celui de son lieutenant, M. Marion (1) :

« Arrivés à Nuisement vers 1 heure, nous dépassons les compagnies de la Manche, et, au même instant, nous apercevons une colonne d'environ 400 hommes, qui se trouvait à peu près à 3 ou 400 mètres; nous les prîmes d'abord pour des marins. Dans cette idée, nous continuâmes franchement notre marche en traversant une série de petits bois, et la compagnie s'arrêta à la limite de ce bois, se trouvant ainsi à 40 pas de la dernière ferme du village. (Les dispositions prises et le combat ont été relatés précédemment.)

« Dans cette circonstance, ajoute le lieutenant Marion, la 8e compagnie a eu une tenue admirable, les hommes tiraient avec sangfroid, et tinrent bon et avec avantage jusqu'au moment

(1) Cet officier, sur sa demande, était venu depuis peu aux bataillons de guerre.

où la compagnie fut assaillie, à gauche, par des feux de peloton partant d'un petit bois, parallèle à celui que nous occupions, et à une distance de 60 pas; l'ennemi nous serrait de près.

« Nuisement était alors en son pouvoir ; le brave capitaine Lecorre, persistant à défendre le poste qui lui était confié, faisait face avec la première section à l'attaque directe, tandis qu'avec la deuxième section nous nous défendions contre les feux partant d'un petit bois ; mais, une chose à laquelle nous ne pouvions riposter, c'étaient les obus qui tombaient de tous côtés. Malgré la supériorité du nombre, nos mobiles résistèrent avec beaucoup de fermeté; déjà plusieurs d'entre eux étaient tombés sans qu'il nous fût possible de leur donner des secours que seul le succès pouvait leur assurer.

« Malheureusement, après un combat de trois heures sans que la fusillade ait cessé un instant, alors qu'une troisième attaque se dirigeait sur notre droite et allait nous envelopper, le capitaine donna l'ordre de battre en retraite. Les Prussiens, jusqu'à cet instant tenus en échec, s'élancent à la baïonnette; leurs hurrahs m'empêchèrent d'entendre la voix de mon capitaine, et, quand je voulus rallier ma section à la sienne, la cavalerie prussienne cernait le bois; nous allions être faits prisonniers. Quelques hommes de ma compagnie tombèrent même aux mains de l'ennemi : sur le point d'être pris à mon tour avec cinq hommes qui me restaient, je me dirigeai dans la partie la plus fourrée du bois, et là j'engageai mes soldats à faire comme moi, c'est-à-dire à se coucher dans les buissons. Par un hasard providentiel, les Prussiens fouillèrent le bois moins la partie où nous étions; nous restâmes environ une heure dans cette position. La nuit arriva : alors, sortant successivement de notre retraite, nous cherchâmes à pénétrer dans le village déjà occupé par les Prussiens; je me traînai, suivi de mes mobiles, jusqu'au petit mur d'une ferme. Dans ce trajet, je rencontrai plusieurs de nos blessés. Après les avoir soulagés autant qu'il était en notre pouvoir, nous franchissons le mur et nous tombons dans une grande ferme : là, nous nous dirigeons pour nous blottir dans la grange, lorsque le fermier apparaît et nous engage à chercher asile ailleurs; un officier supérieur prussien tué dans le combat avait été déposé dans la maison et l'on devait enlever le cadavre. En effet, au même instant, le bruit des sabots des chevaux se fait entendre, la cavalerie prussienne arrive, et nous reprenons le chemin qui nous avait amenés; cherchant un autre refuge, un mobile et moi tombons, à quelque distance de là, dans un jardin où nous passons la nuit dans un plant de choux; la maison à laquelle le jardin était attenant était remplie de Prussiens, mais nous étions cachés à leur vue par des tas de fagots; du côté de la campagne, était un petit mur près duquel était établi un avant-poste prussien; nous passâmes ainsi la nuit, entendant le roulement d'une nombreuse artillerie passant sur la route de Chartres.

« Le mobile qui était avec moi avait encore dans son sac la blouse et le pantalon avec lesquels il était arrivé au corps; il s'en affubla, et, le matin venu, les Prussiens prirent la route de la ville, et nous sortîmes de notre retraite. En pénétrant dans la maison, je trouvai un vieillard couché qui ne fit pas attention à moi; je m'habillai avec ses effets. Deux femmes étant survenues, elles nous donnèrent à boire un peu de lait; enfin, nous allions prendre une direction quelconque, quand du seuil de la porte j'aperçus M. Bayle, attaché à l'ambulance du Calvados, qui traversait le village; il vint à nous et nous reconnut, puis nous engagea à gagner la ville, où il nous serait plus facile de nous cacher, pour attendre l'occasion favorable de franchir les lignes ennemies.

« Nous suivîmes ce conseil, et, chemin faisant, en passant près d'une masure, quel ne fut pas notre étonnement de voir sortir de dedans un four quatre des mobiles de notre compagnie, qui y avaient passé la nuit! Je les engageai à se travestir aussi et à chercher également à gagner la ville, ce qu'ils firent. Nous fûmes ainsi sauvés; car, quelque temps après, successivement sous des noms d'emprunt et des déguisements, nous franchissions heureusement les avant-postes ennemis pour rejoindre notre régiment.

« Au milieu de ces jours signalés par tant

d'actes de défaillance et d'égoïsme, nous sommes heureux de rappeler les exemples de patriotisme des habitants de Dreux : leur accueil cordial à notre arrivée, leurs soins pour nos blessés, leur dévouement pour nos mobiles, en leur facilitant les moyens d'évasion, et les soins qu'ils ont pris pour les tirer des mains de l'ennemi, notre sang versé aux portes de leur généreuse petite cité, sont autant de souvenirs ineffaçables que cette histoire rapporte, mais que notre reconnaissance a profondément gravés dans nos cœurs. »

Arrivons maintenant aux pérégrinations des 5e, 6e et 8e compagnies du 1er bataillon.

En exécution de l'ordre reçu d'aller porter secours à son demi-bataillon de droite, le commandant Reynaud partit à midi avec ses compagnies et s'arrêta assez longtemps à la gare, d'où l'on entendait parfaitement la mousqueterie et les coups de canon. L'abbé Hugonin, de l'ambulance de Bayeux, y était, et, bien que malmené par le commandant, à qui il demandait conseil, il réussit à sauver bon nombre d'effets qui venaient d'arriver à destination de nos mobiles. Vers 1 heure, le commandant se décida à se mettre en route sur la ligne du chemin de fer, que l'on suivit pendant 1 ou 2 kilomètres ; puis on prit à droite et on s'avança vers le milieu du plateau qui s'étend entre St-Denis-de-Moronval et le chemin de fer. Le commandant fit arrêter les compagnies, et, suivi de deux officiers, s'avança jusqu'au bord du coteau dont les pentes descendent dans la vallée de l'Eure. De là, on voyait trois beaux régiments de uhlans massés sur la route de Nogent, à la hauteur de Luray, de l'infanterie à leur droite et de l'artillerie dans la direction du Luat; les uniformes brillants pris pour la présentation du matin par les officiers attirèrent rapidement quelques obus distraits de ceux qu'on envoyait sur St-Gemme et sur Cherisy. Les officiers revinrent vers les trois compagnies restées à 3 ou 400 mètres en arrière, et, après en avoir confié le commandement au capitaine Le Hardy, le commandant remonta à cheval en disant qu'il allait bientôt revenir, puis il partit et on ne le revit que le lendemain à St-André.

Voici les instructions, assez vagues, qu'il avait laissées en s'éloignant : « Observer attentivement le fond de la vallée, ne pas s'engager, et servir au besoin de ralliement, soit au poste de la route de Nogent, soit à celui du pont de Cherisy. »

Le capitaine Le Hardy déploya sa compagnie en tirailleurs sur le bord du vallon, et plaça un petit poste avancé à mi-côte, afin de surveiller les tirailleurs prussiens qui s'avançaient lentement et méthodiquement vers le bois de la route de Nogent. Un détachement de uhlans s'avança par le fond de la vallée et fut accueilli, à 2 ou 300 mètres de St-Gemme, par un feu de tirailleurs répandus dans les oseraies et les petits bois qui entourent le village. Deux ou trois uhlans furent blessés, et leur petite troupe rejoignit au galop les régiments restés immobiles sur la route de Nogent.

« Vers quatre heures, dit le capitaine Le Hardy, il devint évident que les Prussiens avaient l'avantage. Les détonations du fusil à tabatière, reconnaissables en ce qu'elles étaient plus fortes que celles du fusil Dreyse, devenaient de plus en plus rares. Je ralliai mes tirailleurs et je les conduisis jusqu'au parc de Comteville ; les deux autres compagnies qui étaient restées en soutien formèrent alors avec la mienne une ligne brisée, dont un côté était parallèle à la route de Dreux et l'autre faisait face à la vallée. Tous les hommes reçurent l'ordre de se coucher et de se tenir immobiles. »

Le canon, grondant toujours, s'était rapproché. Les obus passaient dans les branches des pommiers sous lesquels était cachée la petite troupe; on attendait toujours le retour du commandant.

Cependant on entendit, vers 4 ou 5 heures, quelques commandements en français du côté de la route ; on reconnut même un instant la voix énergique du commandant de Labarthe, criant sur la route : en avant ! Mais bientôt les hurrahs allemands retentirent avec fureur, le bruit des détonations cessa et la nuit vint à tomber rapidement. Le lieutenant Viel, envoyé en reconnaissance, rentra avec ses hommes sans renseignements bien précis, sinon que les bois vers St-Denis-de-Moronval étaient occupés et qu'il passait beaucoup de troupe sur la route de Nogent. Le capitaine Le Hardy fit relever ses hommes et les fit entrer par une petite porte dans le parc du château de Comteville. Après avoir vu passer jusqu'au dernier homme des trois compagnies, il referma la porte et courut reprendre la tête de la colonne, qui s'égarait dans les allées tournantes du parc. On parvint au château, en faisant taire les chiens, qui aboyaient avec fureur, et on s'engagea à nuit close dans l'avenue qui débouche à moitié distance entre Dreux et Cherisy.

La route était-elle occupée et surveillée? La 8e compagnie se déploya en tirailleurs, sous les ordres du lieutenant Guillouard, dans les taillis qui bordent cette route, et on attendit quelques moments. On entendit distinctement les chants qui s'élevaient de toutes les rues de Dreux, et quelques-uns les prirent un instant pour des chants français.

Le capitaine Le Hardy réunit les officiers, les consulta sur la situation, puis on descendit sur la route, que l'on suivit quelque temps dans la direction de Cherisy; mais ce village devait, selon toutes probabilités, être occupé.

Le lieutenant Viel fut de nouveau en reconnaissance, tandis que le caporal-tambour Cretey était envoyé dans la direction de Dreux pour essayer d'avoir des nouvelles.

En attendant leur retour, les compagnies furent placées dans un champ, à 30 ou 40 mètres du chemin, et, pour mieux se dissimuler, les hommes du premier rang eurent ordre de se coucher, le deuxième rang de se mettre à genoux, tous prêts à faire feu dans la direction de la route. On resta ainsi environ une heure; les hommes fortement émus, mais parfaitement disciplinés, étaient attentifs et fermes. Le lieutenant Viel rentra; il avait vu les uhlans s'installer à Cherisy. Le caporal Cretey fut vainement attendu pendant quelques minutes encore, il ne put rejoindre que le lendemain.

Le capitaine Le Hardy résolut de profiter de la nuit pour marcher sur St-André; mais on en était séparé par de sérieux obstacles. D'abord, le chemin de fer, qui passait à quelques dizaines de mètres en arrière, au fond d'une tranchée profonde; le chemin de fer fut franchi dans un silence parfait. Restaient les deux bras de la Blaise. On marcha quelque temps à travers champs, on rencontra un mur, puis, en appuyant à droite, un petit chemin et un pont: le premier bras était passé; mais on voyait partout d'inquiétantes lumières, ressemblant à des feux d'avant-postes et de grand'gardes.

On ne saurait faire trop l'éloge de l'obéissance et du silence de nos soldats. Il fallut s'arrêter, chercher, passer des heures entières dans une angoisse mortelle; le moindre bruit pouvait nous trahir et nous exposer à être massacrés. Il n'y eut ni impatience, ni murmures, ni l'ombre d'une débandade: tous sentaient le danger; calmes et résolus, ils étaient prêts à faire énergiquement leur devoir et à défendre leur liberté au péril de leur vie.

Le lieutenant Guillouard, l'adjudant Daucher et les deux sergents Laroche avaient été envoyés à la recherche d'un pont ; enfin ils trouvèrent une passerelle au moulin à tan, et toute la colonne défila sur ce pont, large de 40 à 50 centimètres.

Le passage fut long ; à mesure qu'ils arrivaient sur l'autre rive, les hommes allaient reformer leurs rangs en traversant la route d'Anet et en montant à moitié du grand coteau qui s'élève au nord.

Le capitaine Le Hardy était décidé à continuer sa retraite à travers champs, dans la pensée que la route devait être déjà surveillée, et fortement occupée par l'ennemi.

Pour conduire la colonne au milieu de la nuit, il força le meunier à servir de guide jusqu'à St-Georges-sur-Eure, village qui fut préalablement reconnu et fouillé par le lieutenant Guillouard.

Là, pour la première fois, on put avoir quelques nouvelles des autres compagnies du bataillon ; quelques hommes restés en arrière apprirent que les 1re et 3e étaient passées depuis environ une heure ou deux.

La petite colonne continua sa marche et rejoignit ces compagnies à St-Laurent. Il était environ une heure du matin, on fit une halte ; les hommes trouvèrent quelques vivres, dont ils avaient grand besoin ; depuis 24 heures, nos pauvres mobiles n'avaient pris aucune nourriture. Vers 3 heures, on arriva à St-André, où le commandant Reynaud était arrivé dès la veille au soir.

Grâce au sangfroid des officiers, à la patience et à la discipline de la troupe, ajoute M. Le Hardy en finissant, trois compagnies, perdues au milieu de 20,000 Prussiens, rentraient sans laisser un prisonnier, sans avoir un traînard derrière elles, et sans avoir perdu ni un sac ni un fusil.

Sur la droite, l'affaire du 17 novembre n'avait pas été moins chaude. Nous allons rapporter la mort du commandant de Brecqueville, d'Eure-et-Loir.

« Le 15 novembre, le 2e bataillon des mobiles d'Eure-et-Loir arrivait à Tréon.

« Le 16, de nombreuses reconnaissances furent envoyées du côté où l'on signalait des cavaliers allemands. Les villages en avant de la ligne française furent surveillés avec le plus grand soin. Une compagnie fut envoyée, le 17 au matin, dans la direction de Marville-Moutier-Brulé. Son rapport, semblable à ceux des jours précédents, ne faisait rien pressentir de nouveau pour la journée. Cependant, vers midi, un paysan s'approche de l'officier qui commandait la grand'garde, et lui annonce la présence d'une *quarantaine* de Prussiens dans le bois situé entre le village d'Imbermais et la rivière. Le commandant du bataillon, M. de Brecqueville, aussitôt prévenu, donne l'ordre de prendre les armes.

« Le paysan attend et doit servir de guide; on part tout joyeux de la capture qu'on espère bien faire. Au moment où la tête de la colonne pénétrait dans le bois par un mauvais chemin de traverse, arrive au grand galop de son cheval un cultivateur des environs, M. Raymond, je crois, qui conseille au commandant de ne pas s'aventurer dans le bois, qu'il dit renfermer un nombre considérable d'ennemis.

« Le conseil était bon à suivre, et la conduite de celui qui le donnait mérite les plus grands éloges ; on ne l'écouta malheureusement pas. On s'avança dans le bois par un mauvais chemin où l'on pouvait à peine marcher quatre de front. Une avant-garde de 15 hommes précédait la colonne.

« Arrivée à l'angle du village d'Imbermais, où se trouve un petit champ, entouré de bois de trois côtés et à droite par le village, la tête de la colonne fut assaillie par une fusillade des plus vives, qui partait de tous côtés. Une ferme près de laquelle nous nous trouvions était remplie de Prussiens qui en avaient crénelé les murs et qui tiraient à l'abri. Du bois de l'autre côté part un feu nourri (1).

. . . .

« Se déployer en tirailleurs sous bois ne fut pas facile ; les balles arrivaient dru comme grêle

(1) Le paysan qui conduisait le bataillon, étant à travailler dans la coupe dont il est parlé, avait vu passer des cavaliers fouillant tous les bois qui avoisinent le village d'Imbermais ; c'est alors qu'il courut à Tréon prévenir qu'il avait vu des Prussiens dans le bois ; mais, pendant son trajet, arrivait un bataillon venant de Marville pour occuper Imbermais, ce qui explique l'étonnement des mobiles, qui croyaient ne trouver que quelques Prussiens. Il n'y avait pas de la faute du paysan, lequel n'était pour rien dans cette surprise.

de tous côtés. On ouvrit cependant le feu comme l'on put ; les Prussiens étant à 50 mètres des mobiles et parfaitement à couvert, on en tua un certain nombre, mais plusieurs des nôtres tombèrent aussi et le commandant de Brecqueville un des premiers. Bientôt la place ne fut plus tenable, on recula sous bois, les officiers cherchèrent à rallier leurs hommes et à former une ligne de tirailleurs dans un endroit plus favorable.

« Le feu continue encore quelque temps dans les conditions les plus défavorables pour nos troupes ; ceux des capitaines qui savaient la mort du commandant se consultent et craignent que le bois, qui n'était pas entièrement gardé par nos troupes, ne fût entouré par l'ennemi ; ils jugèrent indispensable de se retirer sur Tréon, pour y occuper la hauteur qui domine le village et y attendre des ordres de leur colonel. Déjà de chaque côté du bois débordaient de longues files de tirailleurs allemands ; l'espace laissé libre pour la retraite était fort restreint; on parvint cependant à sortir de cette situation difficile. Le colonel envoya l'ordre de se porter sur Crécy-Couvé, et l'on arriva à la nuit pour prendre le chemin de Brezolles » (Extrait du *Messager de la Beauce et du Perche*).

Le capitaine Rocque, du 4e bataillon d'Eure-et-Loir, fut tué dans cette affaire (1).

(1) Le 4e bataillon d'Eure-et-Loir eut deux compagnies d'engagées dans le combat d'Imbermais.

Nous pourrions multiplier à l'infini les citations d'actes de courage et de sangfroid qui se sont produits dans nos rangs à ce combat de Dreux.

Ici, c'est le fourrier de la 1re compagnie du 2e bataillon du Calvados qui, forcé de se replier avec les troupes, sans traverser la ville, où il avait laissé, dans son logement, le prêt et les livres de sa compagnie, demande la permission d'y retourner, passe à travers l'ennemi, arrive jusqu'à son logement et rejoint quelques jours après, nanti des objets qu'il avait sauvés.

Là, c'est le sous-lieutenant Poret, du 3e bataillon de la Manche, qui, oublié dans un poste avancé, alors que l'ennemi le cerne de tous côtés, s'enferme dans une cave à Rieuville avec une trentaine d'hommes, y reste avec eux près de 48 heures presque sans nourriture et profite de la nuit pour tenter de s'échapper. Après trois jours d'une marche exécutée au milieu des ennemis, il ramène avec armes et bagages son détachement à L'Aigle, et de là à Argentan.

Combien d'autres traits pourrions-nous citer encore? Ceux dont les noms sont oubliés ici puiseront leur récompense dans l'intime satisfaction du devoir accompli. Payons ici un juste tribut de regrets à ceux qui sont tombés pour la défense de leur pays, MM. de Brecqueville, commandant, de Mons et Rocque, capitaines, en donnant l'exemple de ce courage chevaleresque, de cette *furia francese* que les autres nations auront encore longtemps à nous envier.

Nous avons cherché à être vrai jusque dans nos moindres détails : voilà ce que nous avons fait dans ce combat de Dreux, où 4,000 hommes ont été envoyés sans artillerie, au lieu le plus exposé et le plus près de Paris, à 20 lieues au moins du centre des opérations.

Nous avons résisté, armés comme on le sait, contre des troupes cinq ou six fois supérieures en nombre, admirablement équipées, aguerries, et pourvues de cette artillerie dont la supériorité est incontestable ; notre défense a été si énergique qu'elle a trompé l'attente de nos ennemis, qui ont cru un instant avoir affaire à une aile de l'armée de la Loire.

Nous avons battu en retraite, c'est vrai ; mais, si nous n'avions pas pris cette détermination, la campagne eût compté une catastrophe de plus, le lendemain nous eussions été infailliblement écrasés. On peut en juger par ce qui suit :

Le 17 novembre, vers 5 heures 1/2 du soir, un parlementaire se présentait à la mairie de Dreux, demandant si la ville capitulait. Le maire répondit que, les troupes ayant opéré leur retraite, il ne pouvait naturellement résister.

Quelques instants après, la ville était occupée militairement par les Prussiens, qui y mirent une garnison de 5,000 hommes. Le lendemain, un corps de 40 à 50,000 hommes traversait Dreux, pourvu comme toujours d'une formidable artillerie.

Qu'eussions-nous fait contre ces forces, sans un

canon, dans cette ville bâtie dans le fond d'un vallon et commandée de tous côtés par des coteaux?

Malgré notre retraite, impérieusement commandée, comme on a pu le voir, nous avons le droit d'être fiers de ce combat de Dreux. Les marins y furent ce qu'ils ont été pendant toute la campagne, c'est-à-dire héroïques, luttant avec autant de sangfroid contre l'ennemi, que contre les terribles éléments qu'ils ont à combattre à bord de leurs navires, prêts à sacrifier leur vie, insensibles aux souffrances physiques ;—au milieu du combat, l'un d'eux a l'épaule traversée par une balle : Malheur, s'écrie le vieux loup de mer, ils m'ont déchiré ma chemise neuve !

Leurs officiers, calmes, intrépides, commandaient et faisaient le coup de feu avec le flegme et la gravité qui caractérisent ce corps d'élite.

Nos mobiles furent magnifiques ; sans nourriture depuis le matin, ils étaient admirables de calme sous la mitraille. Là, encore, nous pouvons dire, comme précédemment M. du Temple : Je ne sais pas si de véritables troupes de ligne eussent mieux fait. Hâtons-nous d'ajouter que le général, secondé par M. de Labarthe, payait de sa personne, et, tant que dura le feu, on le vit courir d'un point à l'autre de sa ligne de bataille.

Certes, cette défense de Dreux, au point de vue stratégique, n'est peut-être pas exempte de critique ; on nous dira que nous nous sommes laissés surprendre ; ensuite, qu'on n'a pas tiré parti avantageusement de tous les moyens de défense : par exemple, le bataillon cantonné à Abondant n'a pas tiré un seul coup de fusil. Néanmoins, nous pouvons dire que là, comme plus tard à l'armée de la Loire, nous avons fait bravement notre devoir ; et nos mobiles, qui ne sont pas solidaires des erreurs stratégiques, peuvent citer en toute assurance ce combat de Dreux. A jeun depuis 24 heures, ils n'avaient pas cet enthousiasme factice causé par les spiritueux, système déplorable, il est vrai, employé depuis quelques années dans notre armée, et auquel on fera bien de renoncer. Là, c'était la véritable bravoure française, railleuse, pleine d'entrain et d'humeur ; point de chants, point de cris ; le silence qui permet aux chefs de se faire entendre, à la troupe de pouvoir se dégager des situations critiques, l'obéissance absolue, la patience et la confiance dans les chefs ; car, on ne saurait l'ignorer, c'est à cet esprit de critique qui a envahi l'armée française qu'il faut attribuer ce relâchement si regrettable de la discipline.

Après avoir fait tout ce qu'il était possible de faire dans cette circonstance, après avoir eu à résister aux attaques des Prussiens, il nous restait à nous défendre des agressions des Français. Nous parlons ici des critiques d'une presse que nous voulons bien croire avoir été alors mal informée.

Critiques et calomnies, rien ne nous fut épargné après ce deuxième combat de Dreux; et pourtant ces écrivains ne devaient pas ignorer que les Prussiens lisaient avidement nos journaux.

La presse, dans cette campagne, nous devons le dire, n'a pas toujours fait ce qu'elle aurait dû faire, c'est-à-dire concourir, dans la limite de ses moyens, à la défense nationale, cacher nos mouvements, voiler nos échecs, afin de ne pas démoraliser de jeunes troupes, et semer la désolation et le découragement dans les campagnes déjà trop terrorisées, enfin ne livrer à la publicité que des nouvelles irréfutables.

Mais non, les dernières années avaient mis à la mode la *nouvelle à sensation;* à tout prix, il fallait en fournir pour doubler la vente; des reporters la fabriquaient à tant la ligne, nos succès étaient exaltés jusqu'à l'exagération grossière, nos échecs retracés avec autant d'aigreur que d'ignorance.

Journalistes, stratégistes du coin du feu, que ne preniez-vous un fusil?

Quoi qu'il en soit, dans l'intérêt de l'histoire et pour l'édification et l'instruction de l'avenir, nous publions l'article suivant, qui fut reproduit au mois de novembre par une vingtaine de journaux.

AFFAIRE DE DREUX.

« Les dépêches prussiennes attribuent quelque importance à la prise de Dreux et au combat qui a précédé l'occupation de la ville.

« Voici, sur cette affaire, quelques détails qui permettent d'en apprécier la vraie portée :

« La colonne prussienne qui s'est avancée sur Dreux s'était détachée du camp de Houdan, qui paraît être l'un des postes avancés destinés à couvrir le quartier général de Versailles.

« Selon la tactique habituelle, l'expédition s'est faite par trois points différents. Le bombardement a commencé vers 1 heure de l'après-midi; nos marins se sont battus comme des lions. Ils se ruaient, dit un témoin oculaire, sur les batteries ennemies et massacraient les Prussiens sur leurs pièces. Malheureusement ils n'étaient pas en nombre, et ils ont été très-mal secondés par les mobiles, dont le commandement était insuffisant. Les Prussiens n'étaient pas au nombre de plus de 4,000 avec douze pièces d'artillerie. Avec de l'entente et les notions les plus élémentaires de stratégie, on les eût culbutés et ils n'eussent pas franchi la limite de Dreux.

« Les marins ont été décimés, après avoir fait subir à l'ennemi des pertes considérables. Honneur à la marine !

« On dit que le bataillon des mobiles du Calvados a mieux fait son devoir que les autres ; mais, en général, l'impression qui a été ressentie de la tenue des mobiles pendant cet engagement, qui eût dû tourner à notre avantage, n'est pas favorable ; il y aurait à faire, dans les officiers, des révocations qui seraient d'un bon exemple. »

Comme digne pendant, nous ne saurions mieux

faire que de rapporter la dépêche télégraphique de Guillaume annonçant la prise de Dreux, dépêche qui fut publiée et affichée dans tout son royaume.

« *94e dépêche du théâtre de la guerre.*

« Versailles, 19 novembre.

« Dans le combat de Dreux du 17, nous avons
« eu 3 tués, 35 blessés.
« . . . .

« De Podbielski. »

Lorsque l'article cité plus haut vint à tomber, par hasard, entre les mains des officiers du 15e, dans leur indignation, ils prièrent M. de Labarthe d'envoyer une protestation énergique contre de semblables calomnies. Voici la lettre qui fut adressée par notre lieutenant-colonel au rédacteur de *l'Ordre et la Liberté*, qui avait reproduit l'article, d'après le *Nouvelliste de Rouen.*

« *A M. le Rédacteur en chef de* l'Ordre et la Liberté.

« Monsieur le rédacteur,

« Dans les circonstances actuelles, tout le monde doit faire son devoir : le soldat en tenant ferme devant l'ennemi, le journal en disant la vérité. Vous donnez, sur l'affaire de Dreux, des détails que vous empruntez au *Nouvelliste de Rouen.* Je vous félicite, Monsieur, de ne pas les avoir inventés; mais, comme je ne doute pas que vous ne prêtiez une oreille plus favorable à la vérité qu'à l'erreur, je viens vous renseigner.

« Voici les faits ; j'y étais, j'affirme ce dont j'ai été témoin, et ne parle pas par ouï-dire. Le 17 novembre, dès le matin, l'ennemi se présentait à nos grand'gardes. Vers une heure de l'après-midi, des forces considérables débouchaient par les routes de Houdan, de Chartres et de Nogent-le-Roi. A deux heures, 15,000 Prussiens étaient en ligne, 12 pièces de canon ouvraient le feu, 12 autres, au moins, étaient en réserve. De une heure à quatre heures et demie, 300 marins et 3,000 mobiles furent opposés aux forces de l'ennemi; seuls, sans artillerie, ils continrent l'ennemi, qui croyait n'avoir qu'à se présenter pour entrer en ville. Parmi les officiers que vous jugez dignes de révocation, trois, MM. le commandant de Brecqueville, les capitaines de Mons et Rocque, se firent tuer. L'ennemi a salué les cadavres de ces soldats, contre lesquels vous, Français, vous, leurs compatriotes, portez de si légères accusations ; et l'état-major prussien a qualifié leur conduite d'héroïque. Vous aimez, M. le rédacteur, les informations ; voici ce qui peut compléter les vôtres : en deux jours, 60,000 hommes ont passé par Dreux, 40 pièces de canon les ont suivis. Il y a loin de là aux deux ou trois milliers d'hommes, aux cinq ou six pièces, dont vous faites mention.

« Pour terminer, Monsieur, je vous défends de

parler du 15e provisoire d'infanterie, dont j'ai l'honneur d'avoir le commandement, à moins d'informations précises, et vous engage à n'ajouter foi qu'à des renseignements officiels.

« *Le lieutenant-colonel,*

« De Labarthe.

« Camp d'Ivré-l'Évêque, le 26 novembre 1870. »

Nos pertes, comme on pourra le voir à la fin de cet ouvrage, furent sérieuses. Quelles ont été les pertes des Prussiens? Nul ne le sait; ils ne laissèrent approcher personne avant d'avoir enterré leurs morts; leurs blessés furent évacués dans différentes directions; 45 des plus gravement atteints furent seulement amenés aux ambulances de Dreux. Dans les engagements du 17 novembre, autour de cette ville, on peut estimer qu'ils ont eu près de 500 hommes hors de combat.

Avant de terminer, nous devons une mention toute spéciale aux membres de la deuxième ambulance du Calvados : Mme la comtesse de Montgomery, Mlle Désirée, le docteur de Labordette, les aides Lugand et Bayle.

Restés à Dreux au milieu des Prussiens, ils passèrent, sans prendre un instant de repos, quarante-huit heures, enterrant nos morts, relevant et soignant les blessés. Le troisième jour, ils obtinrent du général prussien un laisser-passer et rejoignirent à L'Aigle nos bataillons.

N'omettons pas non plus le brave directeur des

Écoles chrétiennes et les frères qui l'ont aidé dans sa pieuse mission, M. d'Outremont, économe de l'hôpital ; enfin, que toutes les personnes charitables et dévouées qui ont soigné nos pauvres mobiles reçoivent ici l'expression de nos sentiments de reconnaissance.

Au moment où nous écrivions les dernières lignes sur cette affaire de Dreux, il vient de nous parvenir une lettre du ministre de la guerre, qu'on lira plus loin.

Les ordres de retraite avaient été donnés par le général de Malherbe. Une partie de nos troupes évacuait la ville presque à l'instant où l'ennemi y pénétrait ; l'autre partie quittait ses postes de combat sans repasser par Dreux ; dans ces conditions, les officiers, préoccupés du salut de leur troupe, qu'ils ne devaient pas abandonner, durent laisser leurs bagages au pouvoir de l'ennemi.

Se fondant sur les règlements militaires, ils adressèrent une réclamation pour pertes d'effets à l'ennemi.

Le ministre de la guerre vient de donner la solution suivante à cette réclamation :

« *Le ministre de la guerre à M. l'intendant de la*
« *2e division.*

« Paris, 11 janvier 1872.

« Monsieur l'intendant,

« Aucune indemnité pour pertes d'effets n'est « due aux officiers du 15e régiment de mobiles.

« M. Monlien de Perthou, ex-officier du 15e ré-
« giment de gardes mobiles (Calvados), m'a adressé
« une demande dans le but d'obtenir une in-
« demnité pour la perte d'effets éprouvée par lui,
« le 17 novembre 1870, à Dreux.

« Les bagages que cet officier y avait déposés
« furent abandonnés par suite d'un mouvement
« précipité de retraite, après le combat livré en
« avant de la ville, et les Allemands s'en empa-
« rèrent.

« La perte ne s'étant pas produite dans un
« combat, il m'est impossible d'accueillir favora-
« blement la demande formée par M. de Perthou.

« Vous m'aviez, du reste, le 8 novembre, adressé
« pour le 15e régiment de mobiles une demande
« collective d'indemnités, dans laquelle se trouvait
« compris M. de Perthou. Par les mêmes motifs,
« je ne saurais admettre cette réclamation.

« Une décision semblable avait été portée déjà
« à votre connaissance par ma dépêche du 20 no-
« vembre dernier, relative à M. le sous-lieutenant
« Viardot, du même régiment.

« Recevez, etc.

« Pour le ministre et par son ordre,

« *Le directeur général du contrôle et de la comptabilité :*

« *Signé :* GUILLOT. »

A M. le ministre de la guerre, nous répondrons :

« Nous avons combattu pour la défense du pays, nous pouvons invoquer le décret rendu au début de la guerre et nous assimilant complètement à l'armée régulière. Jusqu'au jour où la loi sur l'organisation militaire sera modifiée, la garde mobile est un corps régulièrement constitué, à la disposition exclusive du ministre de la guerre.

« Nos effets ont été perdus à la suite d'un combat et dans les circonstances que l'on connaît, sans qu'il soit possible de nous attribuer la moindre faute dans cette perte. Aux heures de l'invasion, nous avons lutté comme l'armée régulière, partageant avec elle ses privations et ses douleurs. Pourquoi établir entre ces deux fractions, également honorables, de notre armée, une différence que les balles prussiennes ne connaissaient pas ?

« Or, les officiers des armées de Metz et de Sedan, qui ont capitulé avec stipulation de faculté d'emporter armes et bagages pour les officiers, ont reçu une indemnité à leur rentrée de captivité.

« Pourquoi ?

« Les officiers du 15e mobiles supporteront ces pertes comme ils ont supporté les autres souffrances morales et physiques de la campagne. On a méconnu leurs droits, mais eux ne méconnaîtront jamais qu'ils se doivent à leur pays, et qu'au premier appel de M. le ministre de la guerre ils sont prêts à verser encore leur sang pour sa défense, dans les rangs de cette armée dont on semble les exclure aujourd'hui. »

CHAPITRE IV.

Retraite sur Nonancourt. — L'Aigle. — Le Merlerault. — Le camp de Conlie ; prise de notre convoi par les troupes..... du général Le Bouëdec.—Arrivée au Mans, incorporation à l'armée de la Loire. — Nominations. — Jaurès. — Gambetta au Mans.

Après le combat de Dreux, on battit en retraite sur Nonancourt, seule route qui offrît quelque sécurité, et la colonne y arriva vers 8 heures du soir, moins les 1re, 3e, 5e, 6e et 8e compagnies du 1er bataillon et la 3e du 2e, qui avaient été, par les événements que nous avons racontés, séparées du reste de l'armée. Officiers et soldats succombaient à la fatigue et mouraient de faim ; malgré cet état douloureux, comme le manque de précautions pouvait faire ce que le feu de l'ennemi avait en vain tenté, c'est-à-dire nous anéantir, faisant appel encore à l'énergie des officiers, au courage et à la bonne volonté des soldats, le général de Malherbe fit placer des grand'gardes. Une compagnie par bataillon fut chargée de cette dangereuse et pénible mission. Ce qui restait du 1er bataillon s'établit dans un hameau à droite de Nonancourt ; la grand'garde du 2e bataillon, composée de la

1re compagnie, prit position dans un bois au-dessus de la ville; enfin, celle du 3e bataillon occupa un petit bois près St-Germain-sur-Avre, de l'autre côté du chemin de fer.

« Cette nuit, écrit un commandant de grand'-garde dans son rapport, nous a coûté plus de monde qu'un combat. Le brouillard était très-épais, l'air chargé d'humidité; nos hommes, couverts de sueur par une marche forcée, n'osaient dresser leurs tentes et allumer leurs feux à cause de la proximité de l'ennemi. Tenus en éveil par des alertes continuelles, ils ne pouvaient prendre un instant de repos, et restèrent près de 30 heures sans manger. »

Le lendemain, près du tiers de l'effectif de ces compagnies entrait à l'hôpital.

Le 18 novembre au matin, en exécution d'un ordre du général de Malherbe, le capitaine commandant le 2e bataillon, M. Hommey, quitta Nonancourt, avec son bataillon, vers 8 heures du matin.

Cet officier supérieur devait s'avancer dans la direction de Dreux afin de s'assurer que l'ennemi ne nous poursuivait pas. Précédé d'un peloton de chasseurs à cheval, le commandant Hommey se porta à 4 ou 5 kilomètres en avant de Nonancourt. Les chasseurs à cheval poussèrent même jusqu'à peu de distance des faubourgs de Dreux, et le détachement rentrait dans ses cantonnements vers 10 heures, avec la certitude que nous n'étions pas poursuivis. A son arrivée, le commandant

Hommey fit former les faisceaux à son bataillon pour donner à ses hommes le temps de se reposer et de prendre leur repas, en leur recommandant toutefois de ne pas s'éloigner des faisceaux et de manger promptement.

A peine ces mesures étaient-elles prises que quelques marins, mobiles, francs-tireurs, traînards de tous les corps, descendirent en fuyant la grande rue de la ville, en criant : Voici les Prussiens ! Nos hommes, pris à l'improviste et cédant à un instant de panique, les suivent, abandonnant leurs fusils. Avant de franchir les limites de la ville, cette bande de fuyards, qui avait grossi en chemin, est arrêtée par les officiers et par l'énergique attitude du commandant de Labarthe. Ils lui crient en vain : Les Prussiens ont pris les fusils ! « Bah ! nous allons les reprendre, leur dit-il simplement », et, donnant l'exemple, il s'élance dans la direction où étaient les armes du 2e bataillon. On arrive aux faisceaux, que l'on trouve intacts. Les compagnies, remises de cette panique, à laquelle nos mobiles étaient étrangers, n'ayant eu que le tort d'y céder dans un premier mouvement, se reforment ; et rougissant de s'être laissé ainsi entraîner, nos jeunes soldats s'apprêtent à recevoir l'ennemi. Le général de Malherbe lui-même avait mis le révolver à la main et contraignit les fuyards à regagner leurs rangs. Les grand'gardes étant rentrées et l'ordre rétabli, il fit continuer la retraite.

Avant de quitter Nonancourt, nous avions reçu

une batterie d'obusiers de montagne, commandée par le brave capitaine Charner, vieillard de 70 ans, dont tout le monde a pu apprécier la vigueur et l'énergie.

Vers 5 heures du soir, la colonne arriva à Tillières. Là, on commençait à faire les préparatifs de campement, lorsque des mobiles d'Eure-et-Loir et des employés du chemin de fer vinrent apprendre au général l'occupation de Nonancourt par un fort parti prussien. Le commandant en chef fit aussitôt reprendre la retraite et n'eut qu'à s'applaudir d'avoir pris cette détermination, qui, par une marche forcée, lui permit d'échapper à une attaque de l'ennemi, attaque qui devait nécessairement tourner à notre désavantage, par suite de l'état d'épuisement où nous nous trouvions.

Nous dûmes d'être avertis de ce qui se passait à une circonstance assez singulière et qui mérite d'être rapportée. Nous extrayons encore ce détail du journal d'un mobile d'Eure-et-Loir.

« Le 4e bataillon d'Eure-et-Loir avait été dirigé sur St-Lubin, toutes les compagnies étaient placées; il ne restait plus que la 8e, elle fut envoyée dans la dernière ferme, qui était pleine de Prussiens. Le capitaine heurta dans la sentinelle allemande, le poste fit feu sur la compagnie et blessa plusieurs hommes ; un de ces blessés fut relevé par un Prussien, qui l'assit sur une berge et lui donna une poignée de main en le quittant. Les autres compagnies revinrent à la hâte sur Tillières prévenir le général. »

Un autre fait que nous prenons à la même source :

« C'est dans cette retraite qu'un aumônier de la mobile, se trouvant cerné de tous côtés par l'ennemi, prit le parti de se coucher au milieu d'un champ pour y passer la nuit. Il resta onze heures dans cette position, à 25 pas d'une sentinelle allemande. Au petit jour, il se lève, se dirigeant du côté opposé à la sentinelle, qui s'esquive elle-même, Dieu merci ! sans crier : qui vive ! »

On apprit alors que notre panique du matin n'était pas seulement le fruit de l'imagination affolée de quelques traînards. Deux heures après notre départ de Nonancourt, 1,200 cavaliers, 600 fantassins et 16 pièces d'artillerie, dont 6 mitrailleuses, de l'armée du grand-duc de Mecklembourg, entraient dans Nonancourt. Comment la reconnaissance du commandant Hommey ne les avait-elle pas aperçus ? Quelle route avaient suivie les Prussiens ? On doit attribuer aux brouillards épais de la matinée notre ignorance de cette marche de l'ennemi, qui, quelques heures plus tôt, nous eût surpris encore une fois. Quoi qu'il en soit, voici comment se conduisirent ces modernes Barbares dans cette malheureuse ville. En rapportant ces faits, extraits du livre de M. E. Fournier : *Les Prussiens chez nous*, nous ajouterons, avec S. Em. Mgr le cardinal de Bonnechose : La divulgation de pareils faits est le commencement de la revanche.

« A Nonancourt, après une alerte où le village n'était pour rien, ils se ruèrent en furieux sur les habitants, dont le seul crime était d'être sortis dans la rue ou de s'être mis aux fenêtres pour savoir ce qui se passait. Ils tirèrent partout, aux portes, aux fenêtres, se jetèrent dans les maisons pour en faire sortir tout le monde à coups de crosse, et, après avoir cerné les rues, firent prisonniers tous ceux qu'ils purent prendre.

« Les employés du chemin de fer dînaient à ce moment dans l'auberge, leur pension. Ils y entrèrent le sabre à la main ; un officier fendit la tête à Gouin, homme d'équipe de la gare de Nonancourt; les autres durent descendre dans la rue, le sabre ou la crosse dans les reins. Quand ils furent à 15 ou 20 pas en avant des Prussiens, ceux-ci firent feu. Le conducteur Dano ne poussa qu'un cri et tomba mort; l'homme d'équipe Moullières, atteint à la main, put s'enfuir avec les autres, mais pas assez vite à cause de sa blessure ; il fut rejoint et frappé de deux coups de baïonnette, dont l'un lui coupa les reins et l'autre l'éventra. Le chef de gare Magin, le facteur Maluet et le piqueur de nuit Morin n'échappèrent aux balles que pour être pris, et restèrent longtemps en grand danger.

« Deux autres chefs de gare, qui étaient en ce moment à Nonancourt, celui de Tacoignières et celui de St-Remy, eurent encore un sort plus cruel. L'un, suivant le récit de M. Amédée Achard, aurait été tué avec un raffinement de cruauté atroce, l'autre ne se serait sauvé qu'après une chasse de deux jours dans les bois, dont les fatigues et les angoisses lui valurent mille morts. »

Voici ce que M. Achard raconte :

« Le malheureux chef de gare s'était débattu pour échapper à ses bourreaux. Ceux-ci, pour paralyser toute résistance, ne trouvèrent rien de mieux que de lui clouer les mains sur un billard avec des baïonnettes et de le fusiller dans cette position. Le chef de gare de St-Remy, ajoute-t-il, put échapper et alla se cacher dans les bois.

« Les Prussiens organisèrent alors une véritable chasse à l'homme. Pendant deux jours, ils traquèrent ce malheureux comme une bête féroce. C'est par miracle qu'il put échapper à la fusillade qui était dirigée contre lui aussitôt qu'il était aperçu par quelques-uns de ces sauvages.

« Ce qu'ils auraient fait, à Nonancourt, à ce chef de gare, crucifié sur un billard, ne surprend pas, quand on sait le supplice qu'ils firent endurer au mobile Blanchard, fait prisonnier à Pacy-sur-Eure. Ils l'attachèrent en croix à la roue d'un chariot avec des cordes qui le serraient jusqu'au sang, et, après lui avoir mis une pierre dans la bouche pour l'empêcher de crier, ils tentèrent de le faire sauter avec des cartouches attachées en bas et en haut de la roue ; mais le coup manqua. Après deux heures de ce crucifiement, ils le détachèrent, le mirent à nu et quatorze d'entre eux se firent ses bourreaux. Chacun le frappa de vingt-cinq coups de nerf de bœuf ; on ne le laissa qu'au dernier, avec cette menace pour adieu : « Vous revu, vous fusillé. »

Cependant, averti de la présence des Prussiens, qui menaçaient de nous surprendre et de nous écraser dans l'état de fatigue où nous nous trouvions, le général de Malherbe avait fait reprendre la retraite ; un de nos mobiles, pourtant, fut fait prisonnier à Tillières par la cavalerie ennemie arrivant sur nos derrières. De Tillières, on se dirigea sur Verneuil, où l'on ne fit que passer, et de Verneuil sur Bourth, où la colonne arriva à 4 heures du matin ; mais là ne devaient pas s'arrêter nos pérégrinations. Après quelques heures de repos, on reprenait le chemin de St-Victor, dans la direction de L'Aigle, où l'on arriva à 8 heures du soir.

Que dirons-nous de cette marche de 60 kilomètres exécutée après une journée de combat, presque sans repos, sans prendre de nourriture, sous une pluie froide et pénétrante, dans des terrains détrempés, avec des soldats manquant de tout, sans souliers, sans vêtements, la plupart éclopés, blessés, malades, pouvant à peine se traîner ? Le cœur se serrait à voir défiler cette troupe, pourtant patiente et résignée. Pauvres mobiles, pauvres jeunes gens, soldats à peine depuis trois mois, que de privations n'avaient-ils pas endurées ! Hélas ! ce n'était que le prélude des souffrances qui les attendaient, et auprès desquelles les jours de lutte et de combat sont les jours de fête d'une campagne.

Enfin, le 20 novembre, toute l'armée d'Eure-et-Avre était réunie à L'Aigle (Orne), où nous rejoignaient les cinq compagnies du 1er bataillon, qui avaient opéré leur retraite par St-André et Conches, où elles avaient pris, par ordre du général, les voies ferrées pour opérer leur jonction avec le reste de l'armée. Une section de 12 de l'artillerie mobile d'Ille-et-Vilaine vint également nous rejoindre. Jamais troupes ne furent plus fatiguées que celles que commandaient alors MM. de Malherbe et du Temple, et, par suite, elles étaient complètement incapables de se remettre de suite en campagne; mais les Prussiens, de leur côté, ne restaient pas inactifs et ne nous permettaient pas de prendre quelques jours d'un repos qui nous était si nécessaire. Le grand-duc de Mecklembourg, après les engagements de Nuisement et de la Maison-Blanche, entre à Dreux, puis, le lendemain, après avoir livré le combat de Torçay, va établir son quartier général à Châteauneuf. Enfin, le prince Albert s'avance sur Huis, qu'il bombarde le 18 novembre, et où il s'établit le 21 pour surveiller les mouvements de sa division. Voici quelle était donc la position des forces ennemies : le duc de Mecklembourg à l'extrême droite, le général Wittich au centre, le prince Albert à l'extrême gauche, les Prussiens formaient depuis Dreux jusqu'à Huis une chaîne non interrompue du nord au sud, et disposée de telle sorte que les

10

détachements pouvaient se soutenir l'un l'autre en cas de besoin. Ainsi organisés, ils commencèrent une conversion dont le prince Albert, à Huis, était le pivot. Aussi, tandis que celui-ci reste immobile et que Wittich s'établit dans le canton de Courville, le grand-duc de Mecklembourg tourne du côté du Perche, livre les combats de la Magdeleine-Bouvet et de Bretoncelle, le 20 novembre; ceux de Thiron et de la Fourche, le 21 ; entre à Nogent-le-Rotrou le 22, puis en repart le lendemain se dirigeant du côté du Mans. En même temps, Guillaume télégraphiait à la reine Augusta :

« *93e dépêche du théâtre de la guerre.*

« Versailles, 18 novembre.

« Le grand-duc de Mecklembourg a fait « replier l'ennemi sur toute la ligne près de « Dreux. L'adjudant général de Treskow, qui « commande provisoirement la 17e division, a « pris Dreux avec des pertes peu considérables; « nous avons fait beaucoup de prisonniers, « nous poursuivons l'ennemi dans la direction « du Mans. « GUILLAUME. »

« *98e dépêche du théâtre de la guerre.*

« Le grand-duc a continué son mouvement en « avant. « DE PODBIELSKI. »

Le Mans était menacé, feinte ou réalité de la part de l'ennemi. Le Gouvernement de la défense nationale dut parer à cette éventualité ; un instant il eut la pensée de détacher, à cet effet, un des corps de l'armée de la Loire ; mais, après réflexion, on se contenta d'y rallier toutes les forces de l'Ouest, battues et disséminées. Avec une activité incroyable, près de 60,000 hommes se trouvèrent réunis en trois ou quatre jours au Mans. Parmi ces corps, devait compter l'armée d'Eure-et-Avre, que le général de Malherbe dirigea sur ce point, en exécution des ordres qu'il reçut. Après notre abandon de la position de L'Aigle, qui n'était pas tenable, une panique extraordinaire semblait agiter tout le pays ; les habitants fuyaient par bandes, emmenant sur des charrettes ou voitures le mobilier qu'ils espéraient soustraire à l'ennemi.

Le 23 novembre, la colonne arrivait à Ste-Gauburge, qui regorgeait de troupes, parmi lesquelles le 36e de marche, qui avait relevé le 1er bataillon dans la forêt de Senonches quelques jours auparavant et s'y était laissé surprendre et décimer. La route avait été des plus pénibles ; les routes, coupées par des fossés, obstruées par des barricades, rendaient la marche longue et fatigante. Le 1er bataillon alla, par des chemins de traverse inondés, se cantonner au Menil-Berard, et comme, au milieu de nos désastres, nous avons été heureux de rencontrer çà et là quelques étincelles de patriotisme dans les populations rurales, nous signalons avec reconnaissance, ici, la belle conduite des habitants de ce hameau, qui se prêtèrent aux exigences de la situation avec un dévouement et une générosité au-dessus de tout éloge. Nos soldats, manquant de vivres, furent nourris par ces pauvres gens. Le vieux curé du village épuisa toutes ses ressources pour offrir l'hospitalité aux officiers.

On quitta Ste-Gauburge le lendemain, et l'on arriva au Merlerault dans la nuit. Là encore il y avait encombrement de troupes, et tous les inconvénients inhérents à un état de choses pareil se représentèrent. Le 1er bataillon bivouaqua dans un pré humide à l'entrée du bourg. On devait se diriger sur Le Mans par les voies rapides; au matin, les bataillons attendirent longtemps dans les gares sous une pluie battante. Une fois embarqués, on avait à craindre que la voie ne fût coupée, les arrêts étaient longs et inquiétants; enfin, le 25, vers 3 heures, le régiment entier arrivait au Mans, qui semblait alors sérieusement menacé par le grand-duc de Mecklembourg dans différentes directions, notamment celles de la Ferté-Bernard et de Bonnétable, en même temps que d'autres troupes se rapprochaient de Châteaudun.

« En vue d'activer la défense du Mans, dit M. de Freycinet dans *la Guerre en province*, le ministre s'y rendit de sa personne et trouva les forces de cette région dans l'état le plus déplorable. On avait, quelque temps auparavant, dans l'espoir de leur donner plus de solidité, commencé à les réorganiser et à en former un 21e corps; mais ce travail n'était pas encore très-avancé quand l'attaque du duc de Mecklembourg s'était produite. Il fallait quelques jours de tranquillité pour amener et incorporer, etc., etc. »

La constitution du 21e corps fut donc recommencée sur nouveaux frais et, en quelque sorte, sous le feu de l'ennemi.

A son arrivée au Mans, le 15e mobiles était allé camper à Pontlieue, à 2 kilomètres de la ville; nos convois, partis du Merlerault par la voie de terre, sous la conduite du capitaine Calvet, rejoignaient en même temps, considérablement allégés, car, en route, ils avaient été attaqués par des ennemis d'un nouveau genre et dans des circonstances telles, que, dans l'intérêt de l'histoire et pour la rareté du fait, nous avons cru devoir les reproduire. Nous laissons la responsabilité de ce récit au capitaine Calvet, qui est prêt à en attester la véracité.

Les convois de vivres et bagages, escortés par 40 hommes, sous le commandement de cet officier, secondé par M. Brun-Vivarais, lieutenant de la mobile de la Manche, après avoir traversé Alençon, mis en émoi par l'approche de l'ennemi, faisaient route vers Le Mans et arrivaient à Sillé-le-Guillaume; à quelques kilomètres de là, se trouve le camp de Conlie, alors placé sous le grand commandement du général Le Bouëdec. Ce général, ayant appris qu'un convoi de vivres était de passage dans les environs de Sillé-le-Guillaume, ne trouva rien de mieux à faire pour utiliser ses talents de stratégiste, qu'il n'avait pu sans doute jusqu'alors employer contre l'ennemi, que de faire exécuter la petite expédition suivante par un détachement de troupes sous ses ordres. Le lendemain, 300 mobilisés, armés jusqu'aux dents, en tenue de campagne, quittaient le camp. Le cœur devait battre bien fort sans doute à ces pauvres mobilisés en débarquant à Sillé-le-Guillaume! L'officier investi de la confiance du général Le Bouëdec les fit ranger en bataille devant la gare, et, après une courte allocution, dans laquelle il leur disait en substance que tous les ennemis ne sortaient pas de Prusse et que des soldats devaient faire leur devoir dans toutes les circonstances, la petite troupe partit au pas de charge, descendit le bourg et se trouva arrêtée soudain par une douzaine de voitures et de fourgons et sept bœufs apocalyptiques; le tout était gardé par trois mobiles en faction. Les mobilisés respirèrent à cette vue; l'officier qui les commandait, s'avançant alors en parlementaire, somma, en termes courtois, *au nom du général Le Bouëdec,* le capitaine Calvet d'avoir à lui remettre voitures, vivres et fourgons. A ces conditions, ses mobiles et lui pourraient se retirer. Ce procédé parut un peu renouvelé des corsaires du dey d'Alger au capitaine Calvet, qui répondit carrément ne pas connaître le général Le Bouëdec, et être décidé à exécuter les ordres qu'il avait reçus. Devant l'attitude énergique du commandant de notre convoi et de ses mobiles, force fut au capitaine de mobilisés de se retirer, et le capitaine Calvet, croyant à une méprise, reprit tranquillement sa route; mais il avait compté sans le général Le Bouëdec, qui avait juré sans doute d'enlever un convoi, fût-ce même à des Français.

Aussi, quel ne fut pas l'étonnement du capitaine Calvet, lorsque, en côtoyant le camp de Conlie, il fut subitement entouré par une partie des troupes que l'on avait mises sous les armes pour cette heureuse occasion! Cette fois, il y avait impossibilité de résistance contre un pareil déploiement de forces. Nos convois furent prestement enlevés, et leur commandant presque conduit en prisonnier au général Le Bouëdec, qui, avec l'énergie que commandait la circonstance, lui déclara nettement que lui et ses mobiles pouvaient continuer leur route, mais qu'il entendait conserver notre convoi, en vertu, sans doute, de cet axiome devenu trop célèbre : la force prime le droit.

Réclamations, protestations, tout fut inutile, le général Le Bouëdec resta inflexible; pourtant, à force de démarches, le lieutenant Brun-Vivarais, arrivant à la rescousse, obtint à grand peine la restitution des bagages des officiers. Le même jour, le convoi d'un bataillon d'Eure-et-Loir, commandé par l'officier-payeur, qui s'était aventuré dans ces parages, éprouva le même sort.

De pareils procédés n'ont pas besoin de commentaires, et si, jusqu'à ce jour, on a peu parlé de ce camp de Conlie, où tant de millions ont été engloutis inutilement, nous sommes d'autant plus autorisé à parler que nous avons été témoin et victime des erreurs de M. de Kératry.

Le séjour forcé du capitaine Calvet au camp de Conlie lui a permis d'utiliser les loisirs que lui faisait M. Le Bouëdec à le parcourir d'un bout à l'autre, et à nous en rapporter de piquants détails que nous rapportons.

On connaît, du reste, l'ingénieux procédé de ravitaillement mis en usage dans cette armée. Quant à la position, voici l'opinion d'un homme dont on ne contestera pas la compétence, et qui, du reste, a été appelé à commander ce même camp, qu'il laissa ensuite entre les mains du général dont nous avons déjà trop parlé.

« La première pensée qui vint à l'esprit de M. de Kératry, dit M. Gougeard dans sa *2e armée de la Loire, division de l'armée de Bretagne,* fut de réunir une armée dans un camp retranché, à l'abri des attaques de l'ennemi, et, en même temps, dans une position assez forte pour couvrir la Bretagne. Les hauteurs de Conlie, qui commandent la route du Mans à Laval et le chemin de l'Ouest, attirèrent l'attention du général; et, on doit le reconnaître, avec une facilité trop grande et une légèreté inexcusable dans une aussi importante affaire, on se mit à l'œuvre pour y établir ce grand retranchement, à l'abri duquel devait se préparer une force militaire capable de tenir la campagne.

« La pensée de construire un camp retranché était excellente, le choix de la position fut déplorable; on a fait bien des reproches au camp de Conlie; dans notre opinion, il les mérite tous: position militaire médiocre, dominée et facile à tourner; sol argileux qui, détrempé par les pluies, rend tout mouvement de troupes impossible; enfin, manque absolu d'eau nécessaire aux hommes et aux chevaux : de telle sorte que cette préoccupation élémentaire que l'on observe dans la recherche d'un simple gîte d'étape ne paraît pas avoir été l'objet d'un examen, ni même d'un doute, alors qu'il s'est agi de prendre la grave détermination d'établir un camp de 60,000 hommes. »

Le capitaine Calvet put se rendre compte *de visu* du désordre qui régnait dans ce camp; ce n'était que boue, et là, nous a-t-il dit, ces malheureux mobilisés, pataugeant dans cette mer de boue, sans habits, sans souliers et sans armes, et, par suite de l'état du terrain, laissés sans instruction militaire, se livraient à l'indiscipline que ne pouvaient réprimer leurs officiers issus de l'élection, sans instruction militaire pour la plupart, et sans autorité morale sur leur troupe; et vis à vis, comme pendant, l'état-major confortablement installé sur les hauteurs, tout chamarré de galons, portant de superbes aiguillettes d'or et l'hermine bretonne avec la devise *Vaincre ou mourir!* regardant grouiller, patauger à leurs pieds ces milliers de mobilisés ou mobiles. « Dans mes rapports avec cet état-major étincelant de broderies à faire envie aux marchands d'orviétan, ajoute le capitaine Calvet, j'eus affaire à un grand gaillard, au képi orné de cinq ou six galons d'argent, que je m'efforçais d'appeler M. l'intendant ; lorsque, quelques instants après, je l'aperçus épuisant le catéchisme Vadé avec des charretiers ; j'appris que mon intendant en question était le chef d'escadron des charretiers ; ce nouveau grade ne laissa pas que de me surprendre de prime-abord, mais, dans la suite de mon séjour, j'appris que celui qui tuait les bœufs portait le képi de lieutenant, les mitrons avaient rang de sous-lieutenant. Je m'étonnai d'autant moins de cette hiérarchie fantaisiste qu'à dîner, à la table des officiers, j'eus pour voisin un jeune homme de vingt-deux ans portant les galons de commandant. — Vous avez servi, lui dis-je, piqué de curiosité à la vue de ces insignes ? — Moi, pas le moins du monde, répondit mon voisin. J'étais sous-lieutenant dans un régiment de mobiles ; je rencontrai M. de Kératry, qui voulut me prendre avec lui, et, lui ayant fait observer que je tenais à ma position de sous-lieutenant : Bah, me dit-il, viens avec moi, je te fais commandant ! — On le voit, la manière de conférer les grades était aussi fantaisiste que celle d'opérer les ravitaillements. »

Enfin, après s'être formé une haute idée du camp de Conlie, le capitaine Calvet et ses quarante hommes prirent la route du Mans, où ils rallièrent le régiment.

Le commandant en chef Jaurès, indigné des procédés du général Le Bouëdec, en informa immédiatement, par télégramme, le ministre de la guerre; nos convois nous furent rendus, moins pourtant, un cheval appartenant à un officier du régiment, et une voiture de réquisition de la ville de Séez, que l'état-major de Conlie conserva pour son usage.

Avant d'en finir avec cet épisode, qui serait burlesque, s'il n'était profondément triste, apprenons à nos lecteurs que la commission de révision des grades a, dans une de ses dernières séances, remis M. le général Le Bouëdec capitaine au 79e de ligne.

Le 25 novembre, le 15e régiment de mobiles, campé à Pontlieue, sur un terrain sablonneux converti en véritable marais, était incorporé au 21e corps de cette armée de la Loire, encore commandée par d'Aurelle de Paladines, et qui devait alors s'avancer pour tendre la main à Ducrot près de la forêt de Fontainebleau, par Beaune-la-Rolande et Pithiviers. Hélas ! les événements modifièrent singulièrement ce plan.

Le général Jaurès, capitaine de vaisseau, avait été nommé successivement général de brigade et général de division au titre auxiliaire, et chargé de la formation et du commandement de ce 21e corps, auquel nous appartenions désormais. Nous faisions partie de la 3e division, général Guillon,

1re brigade, commandée par le lieutenant-colonel de gendarmerie Stefanni.

Le lendemain, le régiment apprenait avec une satisfaction marquée la nomination de M. de Labarthe comme lieutenant-colonel; celle de M. Canivet de La Rougefosse, promu chef du 1er bataillon, en remplacement de M. Reynaud, passé dans un autre corps; enfin celle de M. Hommey, capitaine, promu chef du 2e bataillon, en remplacement de M. de Labarthe, nommé lieutenant-colonel.

Sur l'ordre du général Jaurès, des états de proposition furent dressés immédiatement pour pourvoir aux vacances; tous les officiers absents furent remplacés et mis à la suite. Par cette mesure, nos cadres se trouvèrent complets (Voir, à la fin de l'ouvrage, le tableau : *Nominations pendant la campagne.*)

En même temps, on parvenait à distribuer à nos soldats quelques effets d'habillement et quelques paires de chaussures; le tout provenant, soit du magasin du dépôt du corps, soit des magasins de l'intendance de l'armée, ou, enfin, de quelques achats faits directement par nos soins; le 27, pour les deux premiers bataillons; le 28, pour le troisième. Le 15e mobiles suivait le mouvement du 21e corps, s'ébranlant pour aller rallier l'armée de la Loire. Nous avons parlé de la présence de M. Gambetta au Mans, activant l'organisation de notre corps d'armée; avant notre départ, le ministre de la guerre adressa aux troupes réunies au Mans la proclamation suivante :

« Soldats,

« Après trois jours entiers passés au milieu de « vous pour m'informer de vos besoins, pour or- « ganiser et recomposer vos forces, je vous quitte « aujourd'hui avec la certitude que vous marchez « à une revanche. Les derniers événements ont « tourné contre vous, parce que vous étiez trop « dispersés et en nombre insuffisant; je vous laisse « ralliés et renforcés. Vous avez à votre tête des « chefs énergiques et dévoués, aussi sages que « courageux, vous devez leur obéir aveuglément. « Ils vous conduiront au succès. Sans cesse « préoccupés de votre bien-être, ils ont, en retour, « le droit d'exiger de vous l'ordre, la discipline, « la sobriété, le courage : ces vertus républicaines « dont chaque jour ils vous donnent l'exemple. « La vie que vous menez est dure, pleine de « dangers et de sacrifices ; mais songez que vous « combattez pour sauver en même temps la « France et la République, désormais indissolu- « blement unies dans la bonne et dans la mau- « vaise fortune ; si cette grande pensée vous « anime, ni le péril, ni la mort ne vous paraî- « tront redoutables ; car, qui voudrait conserver « une vie à jamais déshonorée par l'abaissement « de la nation ? Vous n'êtes pas inférieurs à vos « frères d'armes de l'armée de la Loire. Vous « êtes enfants de même mère, à qui vous devez « tout; et vous défendez, sur la Sarthe, une po- « sition aussi précieuse pour le salut de la France

« que les bords de la Loire. Vous prenez part « enfin au glorieux mouvement de la France « vers la capitale. Vous ne voudrez plus reculer « désormais ; car chaque pied de terrain que « vous abandonneriez serait un jour de cruelle « anxiété que vous infligeriez aux assiégés. Jurez-« vous donc les uns aux autres, comme ont fait « vos pères, de ne point reculer davantage, mais « de marcher ensemble à la délivrance de la « France, afin que l'on dise de vous comme de « vos ancêtres : Ils ont bien mérité de la France « et de la République. »

Jusqu'ici, nous avons été sobres d'extraits des proclamations que M. Gambetta, inspiré, sans doute, par un patriotisme ardent et convaincu, lançait dans toutes les directions. Constatons, une fois pour toutes, leur effet médiocre sur nos soldats, qui les écoutaient avec distraction : le mot *république* était un peu trop prodigué ; nos braves Normands semblaient comprendre que l'on se préoccupait un peu trop du salut de la République, que personne ne songeait à menacer au détriment du salut de la France, qui devait passer avant tout.

CHAPITRE V.

Formation de la 2e armée de la Loire. — Chanzy. — Vendôme. — Vallières. — La forêt de Marchenoir. — Combat de St-Laurent-des-Bois. — Retraite de la 2e armée. — Fréteval. — Retour au Mans. — Camp de Sargé.

Le 28, le régiment entier campait dans une sapinière, à Parigné-l'Évêque. Attachés à une grande armée, nous commencions une deuxième campagne ; nous nous sommes nécessairement étendus longuement sur cette première période de notre existence militante, parce que, seule, elle peut apporter quelques éclaircissements utiles sur cette époque, notre histoire se trouvant désormais intimement liée à celle de la deuxième armée de la Loire, histoire si minutieusement écrite par le général Chanzy lui-même ; nous passerons donc rapidement sur les faits de cette deuxième campagne, que nous commencions alors. Nous amenions au 21e corps un bon et brave régiment, déjà solide au feu, et cruellement éprouvé par les maladies. Les intempéries, les marches forcées, le manque d'habillements et de souliers avaient eu un funeste effet sur la santé de notre troupe ; en même temps, nous éprouvions les atteintes de ce fléau terrible qui nous a décimés ; nous parlons de la variole, qui sévissait avec intensité et devait s'acharner après nous pour ne plus nous quitter qu'au moment du licenciement.

Il ne nous reste qu'à relater ici notre itinéraire à la recherche de l'armée de la Loire, jusqu'au jour de notre jonction et de notre entrée en ligne. Pendant que nous campions à Parigné-l'Évêque, cette armée livrait les combats de Ladon, Maizière, Juranville, Varize ; et, enfin, la brillante affaire de Beaune-la-Rolande venait clore cette série d'engagements, qui n'étaient que les préludes de luttes plus gigantesques.

Le 29, nous nous dirigions sur Grand-Lucé ; à mi-chemin, sur une vaste bruyère, à droite de la route, la 3e division fut passée en revue par le commandant du 21e corps, le général Jaurès; petit, mais bien pris, doué d'une physionomie heureuse, où la gravité s'alliait à la vivacité naturelle, la barbe noir-jais, l'œil énergique, tressautant sur sa selle, en marin plus habitué au roulis qu'au galop du cheval : en somme, notre jeune général fut bientôt connu de tous ; l'avenir a justifié la bonne impression que nous conçûmes de prime-abord du commandant du 21e corps.

Le 30 novembre, nous arrivions à St-Calais, et les troupes étaient campées à une heure de la ville. On fit séjour dans cette ville jusqu'au 2 décembre, et, le 3, passant par Épuisay, nous courrions sur Vendôme.

Selon les instructions du ministre de la guerre, les troupes devaient camper, mesure nécessaire, au point de vue de la discipline, à toute concentration de troupe appelée, d'un instant à l'autre, à marcher au feu, mais mesure devenue terrible et déplorable, par suite d'un hiver exceptionnel, pour de jeunes troupes manquant des effets de campement nécessaires et à peine vêtues.

Pendant ce temps, de graves événements se passaient sur le bord la Loire. Après la brillante journée de Villepion, avaient eu lieu les combats moins heureux de Loigny et d'Artenay, qui avaient amené la retraite de l'armée de la Loire sur ses positions en avant d'Orléans. Enfin, le 4 décembre, avait eu lieu l'évacuation de cette ville et son occupation par l'ennemi ; à la suite de ce désastreux événement, les 16e et 17e corps, sous le commandement d'un général, connu alors depuis peu et dont le nom, maintenant, est célèbre, opéraient leur retraite sur Meung et Beaugency. Ces forces, auxquelles venait se joindre le 21e corps, allaient, sous l'énergique impulsion de son jeune chef, former la 2e armée de la Loire, désormais inséparablement liée au nom de Chanzy.

Un journal (*L'Autographe*) vient de publier récemment le portrait du commandant de la 2e armée de la Loire ; ce portrait, tracé avec un rare bonheur, avait sa place marquée dans cet ouvrage, et nous nous empressons de le reproduire :

« Il n'y a peut-être qu'un général qui, dans cette époque néfaste, n'ait pas eu sa conduite attaquée avec violence par les hommes de parti. M. Gambetta l'a proclamé « le véritable homme de guerre révélé par les derniers événements. » Le général d'Aurelles de Paladines, à qui il a succédé, n'a eu pour lui que des éloges. Les républicains l'ont choisi pour candidat, ce qui n'a pas empêché les légitimistes, les orléanistes et les bonapartistes de contribuer par leurs votes à l'envoyer à la Chambre. Au milieu des luttes ardentes, des polémiques militaires et des discussions de tribune, il pouvait être entraîné à prendre une attitude hostile pour ceux-ci, sympathique à l'excès pour ceux-là. Il a su déjouer toutes les combinaisons échafaudées sur son nom, sur sa personnalité. Il pouvait être le porte-drapeau d'un parti extrême, il a préféré, avec raison, rester modestement dans son rôle de soldat fidèle au drapeau, dévoué à l'ordre, libre de toute attache et ne servant que son pays. Il n'a pas rendu à M. Gambetta sa politesse, mais il n'a pas non plus attaqué l'homme qui l'avait choisi pour un poste d'honneur et de combat. Sûr d'être admiré, il s'est efforcé de mériter l'estime. Il y a réussi pleinement. »

Passons maintenant au portrait physique touché de main de maître par Claretie, dans sa *Guerre nationale*.

« A une telle armée, il fallait des généraux énergiques. Chanzy en était un. Jeune encore (47 ans), la figure sympathique, militaire et française, il a toute la vigueur du tempérament ardennais, toute l'audace d'un lutteur intrépide. D'abord mousse, puis Saint-Cyrien, officier de zouaves, chef de bataillon à Solférino, lieutenant-colonel en Syrie, colonel en Afrique, partout il s'était distingué et affirmé. A Coulmiers, il avait contribué, pour sa bonne part, au succès de la journée, enlevant à la tête du 16e corps les fortes positions occupées à Patay par l'armée ennemie. »

Le 5 décembre, le 21e corps avait opéré sa jonction avec les 16e et 17e corps, et notre division campait à La Colombe. Les troupes du général Jaurès devaient occuper Marchenoir, St-Laurent-des-Bois, Écoman et les débouchés de la forêt.

Le 6, nous venions camper à Vallières. Depuis plusieurs jours déjà, nous avions entendu les roulements sinistres d'un canon lointain; cette fois, notre heure d'entrer en ligne, à notre tour, allait sonner; en même temps, un ennemi plus terrible que celui que nous allions avoir à combattre par le fer semblait se déchaîner contre nous: nous voulons parler de cet hiver fatal de 1870, que les annales de la science classeront à côté de celui de 1813, et dont nos mobiles garderont longtemps le souvenir; mais il y allait du salut de l'armée, et, suivant les ordres formels du général en chef, les postes avancés bivouaquaient sans tente et sans feu.

Le six, au soir, au camp de La Colombe, le lieutenant-colonel reçut l'ordre suivant:

« La division lèvera le camp demain matin,

de manière à se mettre en route à 7 heures, pour repartir à St-Laurent-des-Bois et Authainville, de façon à couvrir de ce côté l'entrée de la forêt de Marchenoir, etc., etc. »

Le 7, on partit à 8 heures du matin et l'on arriva à St-Laurent-des-Bois vers 10 heures 1/2, où nous prenions position à l'extrême gauche de l'armée. Vers 11 heures, le 3ᵉ bataillon s'établissait à la ferme du Bois-d'Enfer, à 100 mètres de la forêt de Marchenoir. Cette malheureuse ferme avait déjà subi deux bombardements; « c'était, dit le commandant Lacroix, dans son journal du 3ᵉ bataillon, un poste avancé destiné à protéger toute la division dont on faisait l'honneur de confier la garde à ce bataillon. »

Nous extrayons de l'ouvrage du général Chanzy le compte-rendu de cette journée du 7, pour ce qui a rapport à notre division.

« Le 7, dès le matin, la 3ᵉ division du 21ᵉ corps avait à repousser une forte reconnaissance, faite par l'ennemi en avant de la forêt de Marchenoir; deux colonnes, dont la plus faible était d'environ 2,000 hommes, et qui comprenait les trois armes, se portaient sur Marolles et sur Vallières. Le général Guillon, qui occupait fortement ces positions, la ferme du Bois-d'Enfer et St-Laurent-des-Bois, soutint vigoureusement leurs attaques. L'affaire fut assez chaude à Vallières, et l'ennemi, se repliant après avoir eu une de ses pièces démontée par notre artillerie, fut poursuivi jusqu'à Binas, qu'il dut abandonner. »

Cette pièce prussienne, dont il est question plus haut, avait été démontée par une section de 12 de l'artillerie mobile de Maine-et-Loire, commandée par le lieutenant Périgault.

Le soir, le général en chef télégraphiait au ministre de la guerre :

« L'ennemi a été repoussé jusqu'au-delà du « Grand-Châtre, et nous couchons sur nos po- « sitions de ce matin. Les prisonniers (200 en- « viron) avouent des pertes considérables de leur « côté du fait de notre mousqueterie, tout en « constatant que notre artillerie a eu un grand « effet sur la leur.

« . . . .

« En avant de St-Laurent-des-Bois, l'ennemi « a été repoussé de Marolles par les troupes du « général Jaurès. »

Les deux autres bataillons du 15e mobiles étaient déployés en avant de St-Laurent-des-Bois et la nuit campaient sur la terre gelée. A la suite de la retraite de l'ennemi, un mouvement en avant fut exécuté, et les 1er et 2e bataillons allèrent occuper Marolles. On n'estime pas à moins de 80 le nombre de pièces de canon que l'ennemi mit en ligne ce jour-là. Nos mobiles, peu familiarisés encore avec le bruit d'une artillerie aussi violente, tinrent bon et s'habituèrent à ce fracas formidable.

Cette fois, ainsi que le télégraphiait le général

en chef, il nous fut donné de coucher sur les positions conquises.

Le 8, dès le matin, le combat recommençait ; le régiment, déployé en seconde ligne en avant des positions qu'il occupait la veille, assista, l'arme au pied, au formidable duel de l'artillerie des deux armées.

L'attaque avait commencé à huit heures sur la division Collin (2e du 21e corps) par trois batteries prussiennes qui, s'établissant à droite du village de Villermain, ouvrirent un feu violent sur Poisly.

« D'après les renseignements fournis par les prisonniers, dit le général Chanzy dans son rapport, toute l'armée ennemie, aux ordres du prince Charles, a été engagée avec une nombreuse artillerie. Nous avons soutenu partout cet effort avec beaucoup de vigueur et d'ordre, et nous sommes restés maîtres de nos positions, après avoir fait subir à l'ennemi des pertes considérables. »

Nos bataillons conservèrent leurs positions respectives. Le commandant Lacroix s'était fortifié dans la ferme du Bois-d'Enfer, qu'il avait fait créneler, et où, d'après l'ordre formel qu'il avait reçu, il devait *se maintenir quand même.*

Le général Jaurès lui-même avait visité cette importante position, et, trouvant ses ordres ponctuellement exécutés, en avait témoigné toute sa satisfaction au commandant Lacroix.

Par un temps clair, sec et froid, toute cette

armée, déployée dans un ordre superbe dans la plaine de Marolles, avait présenté un spectacle grandiose. Nos jeunes mobiles s'habituaient aux obus. Un seul fait entre mille : un soldat de la 6e compagnie du 3e bataillon, voyant un de ces projectiles tomber à quelques mètres de lui et s'enfoncer dans la terre, court, et avec sa baïonnette déterre l'obus, le rapporte fumant encore, à son capitaine, en lui disant : Mon capitaine, voilà la petite bête noire.

Le 9 décembre, la position du régiment n'avait pas changé : le 1er bataillon était à 1 kilomètre en avant de St-Laurent-des-Bois, le 2e à Marolles, le 3e occupant toujours la ferme du Bois-d'Enfer, se reliant au 16e corps, qui était à la droite.

Voici, sur cette journée du 9, la partie du rapport du général en chef qui concerne notre histoire :

« A l'aile gauche, le 21e corps avait à supporter de vigoureux efforts de l'ennemi. Le général Jaurès avait resserré ses troupes en portant sa 1re division de St-Léonard et de Vievy-le-Rayé à Authainville, pour appuyer, au besoin, la 3e, qui gardait les abords de la forêt de St-Laurent-des-Bois et de Poisly. »

Comme la veille, la canonnade avait commencé dès le matin sur notre droite, et, vers onze heures, c'était un vacarme épouvantable ; quant au résultat, il était identiquement semblable aux jours précédents ; nous avions tenu tête aux armées du prince Charles et du duc de Mecklembourg réunies , et nous restions maîtres de nos positions ; du reste , voici la désignation des forces que nous avions devant nous : les Bavarois du général Von der Thann, 3e corps (Brandebourg) , 9e corps (Sleswig-Hostein), 10e corps (Hanovre, Oldembourg, Brunswick et Westphalie), et le 13e corps (Mecklembourg). Cette armée était commandée par le prince Charles lui-même, et appuyée par une artillerie formidable.

Nos bulletins du théâtre de la guerre ont été, pendant et après la campagne, souvent l'objet de violentes critiques ; si quelques-uns, surtout au début de la campagne, ont été exagérés , nos ennemis ne nous laissaient rien à envier de ce côté. Voici la 115e dépêche du théâtre de la guerre, publiée et affichée dans tout le royaume de Sa Majesté Guillaume :

« Meung , 9 décembre 1870.

« Aujourd'hui, toute l'armée du grand-duc de « Mecklembourg a eu à livrer un nouveau et « vif combat ; l'ennemi a été chassé de sa forte « position dans la forêt de Marchenoir, et nous « lui avons fait beaucoup de prisonniers.

« Berlin, 10 décembre 1870.

« Présidence royale de police.

« De Wurmb. »

Par les positions que nous occupions, et que

nous avons fait connaître plus haut, on pourra se rendre compte de la foi à ajouter aux dépêches prussiennes.

Maintenant, extrayons encore quelques lignes de l'ouvrage du général Chanzy, nécessaires à l'intelligence des événements des journées suivantes.

« *Le ministre de la guerre au grand quartier-général de Josnes.*

« Le ministre de l'intérieur et de la guerre était arrivé le 9, à 6 heures du soir, au grand quartier-général de Josnes, où il passa la nuit. Il put assister ainsi à une partie de la bataille, et se rendre compte de la vigueur avec laquelle l'armée nouvelle résistait à l'ennemi de la France.

« Le général en chef profita de sa présence pour lui faire part des besoins immédiats de l'armée pour compléter son organisation et pour remplir les vides que les combats incessants et meurtriers, soutenus depuis le 30 novembre, avaient faits dans les cadres. La situation fut exposée et discutée. Nos troupes pouvaient tenir encore ; mais leur résistance avait pour limites leurs forces, et leur grande fatigue faisait prévoir que cette limite était prochaine ; si l'ennemi avait beaucoup souffert, ce qui était vrai, les forces considérables dont il disposait lui donnaient la possibilité de n'en mettre en ligne chaque jour qu'une portion, et de laisser reposer le reste, tandis qu'à la fin de la journée toutes nos troupes avaient été forcément engagées. Il fallait donc prendre un parti ; deux se présentaient : continuer la lutte sur les positions que l'on occupait, dans le cas où les corps de la rive gauche pourraient, de leur côté, reprendre leurs opérations et attirer sur eux une partie de l'armée du prince Charles, sinon battre en retraite sur Vendôme ou sur le Mans, pour se reconstituer derrière le Loir et la Sarthe, si aucune diversion n'était possible.

« Dans le premier cas, on pouvait encore avoir l'espoir d'user l'ennemi, dont les troupes étaient déjà très-éprouvées par la fatigue, réduites par les pertes, et le rejeter dans l'Est en reprenant Orléans ; dans le deuxième, on allait découvrir Tours, où la délégation du Gouvernement ne pouvait plus, dès lors, rester. C'est à ce dernier parti qu'on s'était arrêté depuis quelques jours déjà ; car le ministre annonça que la délégation se transportait à ce moment à Bordeaux.

« Le 10 décembre nous trouvait encore dans nos cantonnements de la veille, et sous les armes, dès le matin, dans une position expectante, qui ne laissait pas d'impatienter notre troupe ; plusieurs fois, durant ces jours de combat, ignorante de ce qui se passait auprès d'elle, mais sachant que l'ennemi était là, on avait entendu dans ses rangs de nombreux cris : en avant ! en avant ! L'âme se retrempait au bruit formidable de ces canons, et jamais il ne nous avait été donné de voir autant d'enthousiasme dans nos rangs. La deuxième armée de la Loire s'était affirmée d'une façon éclatante ; loin de nous replier, pour employer cette expression trop usitée, pendant trois jours nous étions restés maîtres de nos positions : il n'en fallait pas davantage pour électriser nos jeunes soldats, remplis de bonne volonté. Si, par un de ces hasards fréquents à la guerre, une victoire eût couronné leurs efforts héroïques, l'enthousiasme eût été indescriptible dans cette armée nouvelle. »

Dans cette journée, la 2ᵉ division de notre corps fut fortement engagée ; le bataillon d'infanterie de marine enleva, sous nos yeux, à la baïonnette, le village de Poisioux, sur la droite de l'ennemi. Villermain, incendié par les obus prussiens, flambait, pendant que la 2ᵉ brigade de notre division opérait un mouvement sur le flanc droit de l'ennemi. Ce jour ne laissait rien à envier aux précédents comme fracas d'artillerie ; de notre côté, depuis le matin, nous avions devant nous 60 à 80 pièces, dont le feu ne ralentit pas un instant; malgré l'intensité de ces feux, malgré le nombre de canons qui nous était opposé, notre artillerie fit des prodiges, et riposta avec un tel succès que, le soir, le général Jaurès pouvait résumer laconiquement son rapport par ces mots : *De notre côté, tout va bien.*

Nous faillîmes, ce jour-là, perdre notre aumônier; le bon Père Granger était dans les rangs du 1ᵉʳ bataillon, en train de compter les coups de canon ennemi (environ 64 par minute), lorsqu'un gendarme, passant au galop, lui apprend qu'un certain nombre de blessés aux avant-postes réclament son ministère ; le père Granger, tenant les pans de sa soutane à deux mains, part, court à travers champs, et arrive dans une ferme, où effectivement quelques blessés avaient été recueillis. Après avoir prié pour les morts, administré les mourants, pansé et consolé les blessés, le bon père sort de la ferme ; à quelques mètres de là, un cavalier prussien rôdait, qui, l'apercevant, l'ajuste et fait feu ; notre digne aumônier a vu le mouvement, il fait un signe de croix, et la balle en sifflant va se loger dans le mur, à quelques pouces de sa tête. Mais il ne venait d'échapper à un danger que pour en courir un autre ; à l'instant, trois obus viennent successivement éclater à quelques pas de lui : « Je crois décidément que le bon Dieu ne veut pas de moi aujourd'hui », nous dit-il en souriant, à son retour au milieu de nous.

Le 11 décembre était un dimanche ; au tapage infernal des jours précédents, succéda un calme presque complet, car l'ennemi essaya à peine de le troubler par une canonnade, dirigée sur la 3e division du 17e corps, que l'artillerie de cette division fit bientôt cesser ; dans ce calme, nous trouvons une preuve irrécusable de la résistance sérieuse que nous avions opposée et des pertes qu'avaient dû éprouver nos adversaires, qui, malgré les renforts qui leur arrivaient chaque jour, ne crurent pas devoir nous attaquer. Dans une de ses dépêches, le roi Guillaume dit lui-même : « Nous avons dû donner un jour de repos à nos troupes. » De part et d'autre, on avait besoin de repos. A 8 heures, le père Granger dit la messe au camp; elle lui fut répondue par le capitaine Le Hardy; le vin et le prêtre, nous a raconté notre brave aumônier, étaient gelés; les baïonnettes aux faisceaux ressemblaient à de véritables cristallisations de givre. Ce que nous eûmes à souffrir du froid ce jour-là est au-dessus de toute expression. Aux 1er et 2e bataillon, officiers et soldats n'avaient d'autres logements que la petite tente-abri. Réduits à faire du feu avec des branches vertes coupées sur la lisière de la forêt, on se groupait autour de ces foyers fumeux qui aveuglaient : aliments, liquides, tout gelait au souffle pénétrant d'un vent glacial du nord.

Aussitôt les premiers coups de canon entendus (c'était l'attaque contre la 3e division du 17e corps dont nous avons parlé), le régiment reprit ses postes de combat de la veille ; aucun autre incident remarquable ne se produisit dans cette journée, et le soir encore nous passions la nuit sur nos positions.

A la suite du conseil de guerre tenu le 9, la retraite sur le Mans, ainsi que nous l'avons fait connaître, avait été décidée. Le 11, les 16e et 17e corps avaient commencé leurs mouvements ; aux troupes du général Jaurès était naturellement réservée la mission de protéger la retraite, ayant été moins éprouvées par les derniers combats.

On a vu, page 170, les motifs puissants qui avaient déterminé le général Chanzy à une retraite.

Pour nous, fraction infime d'une nombreuse armée, bornés à l'horizon fort restreint du soldat, nous ne pouvions nécessairement pénétrer les desseins du généralissime ou même nous en rendre compte ; aussi, lorsque cet ordre de retraite nous parvint, nous fûmes profondément étonnés. Pour la première fois de la campagne, nous entendîmes nos mobiles murmurer ; voici, du reste, quelques lignes écrites par nous à cette époque, elles donneront une idée exacte des sentiments qui nous animaient.

« Le 12 décembre, vers midi, a commencé notre mouvement de retraite sur Authainville. Nous n'avons pas à entrer dans les considérations stratégiques qui ont pu décider le commandant en chef à prendre cette détermination ; seulement, nous pouvons constater que l'effet moral en fut immense et funeste sur l'esprit de nos soldats. Pendant cinq jours, le canon n'avait pas cessé de se faire entendre, pendant six jours, nous étions restés maîtres de nos positions ; la journée du 11 s'était passée sans démonstration inquiétante de la part de l'ennemi, et, le 12, nous battions en retraite sans motif connu, du moins sans cause tombant sous les sens de nos hommes, et, pour comble, au temps sec et froid des jours passés succéda tout à coup une pluie torrentielle.

Notre division, battant en retraite à travers champs, de St-Laurent-des-Bois sur Authainville, mit cinq heures pour faire six kilomètres; cette marche dans des terrains détrempés, transformés en véritables fondrières, porta le dernier coup à la chaussure, déjà en si mauvais état, de notre troupe; là, quelques-uns de nos soldats commencèrent à marcher nu-pieds.

« Le régiment dut camper près du village d'Authainville, sous une pluie battante, dans des champs transformés en véritables mares d'une boue gluante dans laquelle on enfonçait jusqu'à mi-jambe. On dut coucher littéralement dans l'eau; les villages et les fermes d'alentour, déjà ruinés, ne pouvaient nous fournir un brin de paille.

« Le lendemain matin, 13 décembre, on se remit en marche; cette fois, on suivit la route, le dégel était complet, et la marche horriblement pénible. A la chute du jour, on arrivait à Morée; mais le village regorgeait de troupes, et les trois bataillons du régiment, fréquemment coupés par d'autres corps, par les convois, l'artillerie et la cavalerie, eurent peine à se réunir avant d'arriver à Fréteval. Là, après vingt haltes dans l'espace d'un kilomètre, on attendit deux heures sous une pluie battante; il était complètement nuit quand les bataillons purent traverser le pont de Fréteval. Arrivés au village, ce fut un affreux pêle-mêle de troupes de toutes armes; les maisons étaient pleines de soldats, l'eau continuait à tomber par torrents. Qui ne se souviendra longtemps de ce triste défilé de voitures, de fourgons, de convois d'artillerie et de troupes, se heurtant, se pressant et s'amoncelant, véritables flots humains, dans ce malheureux village, au sein de la nuit la plus noire qu'il soit possible de voir ?

« Comment contenir, sous ces trombes d'eau, ces milliers de malheureux entassés dans Fréteval ? Comment les faire camper ? Comment se faire obéir au milieu de la plus complète obscurité ? La situation qui nous était faite est impossible à décrire, et, pourtant, ces troupes devaient, après une nuit horrible, combattre encore le lendemain l'ennemi, qui, ayant enfin deviné notre mouvement, s'élançait à notre poursuite.

« Cette journée nous fut peut-être plus fatale qu'un combat : le lendemain, nous avions des centaines d'écloppés ; d'autres, cédant à un mouvement irréfléchi, dont leur court séjour sous les drapeaux ne leur permettait pas d'apprécier la gravité, quittèrent leurs corps. On battait en retraite sur le Mans ; le mot avait circulé avec une rapidité électrique, et, en un instant, les routes se couvrirent de fuyards de toutes armes allant chercher un refuge contre les souffrances qu'ils enduraient et contre lesquelles ils n'avaient pas eu encore le temps de s'endurcir. »

Qu'on se garde de croire, opinion malheureusement trop accréditée chez certains critiques restés au coin du feu pendant la guerre, qu'aux régiments de mobiles seuls appartenait le monopole de semblables désordres, presque inévitables dans les circonstances désastreuses que nous traversions, et où tout, jusqu'aux éléments, semblait se déclarer contre nous. Les meilleures troupes, les régiments les plus aguerris n'en furent pas exempts ; on peut s'en convaincre par ces lignes :

« Le général en chef inflige un blâme au colonel commandant le régiment de gendarmerie de marche à pied, pour le désordre qu'il a constaté chez une troupe qui devrait donner l'exemple de l'énergie et de la discipline. »

Malgré ces terribles épreuves, le régiment ne prit qu'une part très-restreinte à ce mouvement de débandade ; le bon esprit de nos mobiles, leur recrutement territorial suppléant à l'ordre acquis par l'instruction militaire, la présence constante de leurs officiers partageant leurs souffrances furent les causes de l'ordre relatif que nous conservâmes. Aussi le lendemain nous en étions récompensés par un poste de confiance, la garde des batteries d'artillerie. Pour mettre le comble à notre situation, la pluie ne cessa de tomber toute la nuit.

Fréteval est situé sur le Loir, à 35 kilomètres de Meung, à la jonction des routes d'Orléans au Mans, et de Chartres à Châteaudun, à Vendôme et à Tours ; de hautes collines dominent le village, bâti sur la rive même de la rivière.

Nous y restâmes le 14; les trois bataillons du régiment, coupés et dispersés à la suite des difficultés du cantonnement et du mauvais temps de la veille, essayèrent, dès le matin, de se réunir pour aller prendre position à Fontaine. Pendant que le 3e bataillon quittait son cantonnement pour se rendre à la position qui lui était assignée, quelques obus lancés par les batteries prussiennes établies sur le haut du coteau, près de la tour en ruine du château, vinrent éclater dans les rangs de ce bataillon; un commencement de désordre se manifesta dans la colonne; irrités par les souffrances des jours précédents, et, après une nuit passée à grelotter sous l'eau et dans la boue jusqu'à mi-jambe, nos mobiles cédèrent à une de ces paniques malheureusement trop fréquentes pendant la guerre. Les souffrances peuvent atténuer, mais non excuser de semblables faits, dont les conséquences sont souvent très-graves. Quoi qu'il en soit, tandis que la tête de la colonne poursuivait bravement son chemin sous la conduite du commandant Lacroix, la queue de cette colonne où s'était manifesté le désordre ne présentait plus qu'une cohue de marins, de mobiles et de fuyards de toutes armes, qui s'élancèrent sur la route de Vendôme. Heureusement il se trouva là un officier énergique, le capitaine Guillard, du 3e bataillon, qui, le révolver à la main, menaça de brûler la cervelle au premier qui passerait outre. Grâce à cette attitude et au concours du lieutenant de Cussy, ce capitaine parvint à ramener à leurs rangs ces deux ou trois cents fuyards.

Cependant, l'ennemi arrivait et nous serrait de près; dès le matin, de fortes colonnes ennemies débouchaient des routes d'Oucques et de Morée, faisant replier un bataillon de marins, qui seul occupait encore Fréteval. L'artillerie ennemie, en batterie sur les coteaux, nous criblait de projectiles. Le régiment entier s'était rangé à Fontaine, en face de la tour, en arrière d'une batterie placée dans un champ, à gauche du chemin conduisant à la grande route, sur laquelle était engagé le grand convoi; cette batterie avait à répondre à deux batteries prussiennes, établies dans le petit bois qui couronne les hauteurs, à l'est de Fréteval.

Quelle triste journée encore que celle du 14 décembre ! La boue, augmentée de toute l'eau qui était tombée, était grasse et profonde; on enfonçait insensiblement jusqu'à mi-jambe, et souvent on ne s'en tirait qu'en y laissant ses souliers. Il n'y avait plus un seul coin de terre assez sec pour permettre de s'asseoir. C'est dans cette triste position que nous recevions impassiblement cette pluie de fer et de feu que l'ennemi nous envoyait sans relâche; grâce cependant à l'état du terrain, beaucoup d'obus s'enfonçaient sans éclater.

Dans la journée, un de ces projectiles tombe au milieu de la 2e compagnie du 1er bataillon, couvre de boue le sous-lieutenant Jouen, renverse le lieutenant Viel et cinq hommes : l'un avait la cuisse emportée, un autre le bras, le troisième était blessé grièvement à la tête, un autre avait la jambe et le pied brisés, enfin le cinquième n'était que légèrement atteint. Néanmoins, le bataillon resta ferme et impassible toute la journée derrière la batterie qu'il gardait, sous une vraie pluie d'obus qui le couvraient de boue et de branches d'arbres coupées aux pommiers. Sur le soir, la batterie fut attelée et partit, et le bataillon, immobile depuis le matin, eut l'ordre de marcher en avant, ce qui se fit avec plus d'entrain qu'on n'eût pu l'espérer de soldats à jeun depuis la veille et transis de froid. La 4e et la 5e compagnies se déployèrent en tirailleurs, tandis que la colonne s'avançait péniblement au milieu des terres détrempées, traversait un vallon que les obus enfilaient continuellement. Le commandant marchait en tête avec le capitaine de la 8e ; ils furent plusieurs fois couverts des flots de boue que soulevaient les obus en s'enfonçant en terre, où heureusement ils n'éclataient pas. Plusieurs fermes éclairaient sinistrement les environs des lueurs de leur incendie, et les coups de fusil pétillaient autour de Fréteval. La droite du bataillon alla occuper le village qui domine la vallée du Loir, et les 6e et 8e compagnies, sous les ordres du capitaine Le Hardy, furent détachées au Puits-Sourioux pour garder la route. La nuit se passa en alertes, et, les distributions ayant manqué, les hommes souffrirent de plus en plus, mais avec résignation et courage.

Un souvenir qui restera toujours gravé dans toutes les mémoires, c'est celui du bon père Granger, placé au milieu de nos bataillons, couvert littéralement de boue des pieds à la tête, sa soutane en lambeaux, et son bréviaire sous le bras. Vers deux heures de l'après-midi, il aperçoit à quelque distance un homme qui vient de tomber frappé d'un éclat d'obus : « Voilà un pauvre enfant qui a besoin de moi », s'écrie-t-il; et le voilà, s'élançant à travers champs, enfonçant dans les flaques boueuses, sans se soucier de la mitraille. Il parvient jusqu'au blessé, mortellement atteint, lui donne les secours de la religion, reçoit ses dernières paroles et ne le quitte qu'au dernier soupir.

Un instant après, une femme affolée passe près de nous en poussant des cris déchirants ; un obus s'était introduit dans sa maison, où il avait éclaté en faisant un affreux dégât. Courant comme une insensée, sans but, elle dépasse nos lignes et s'engage dans un champ, où les pluies torrentielles avaient creusé de véritables puits de boue. La malheureuse tombe dans un de ces bourbiers, s'y débat en vain et enfonce davantage; un officier du 2e bataillon l'aperçoit; sans se préoccuper du danger qu'il courait lui-même, il vole au secours de cette pauvre femme et parvient, non sans peine, à la sortir de ce bourbier.

Cependant, le général en chef, reconnaissant

la nécessité de reprendre Fréteval, afin de détruire le pont et d'empêcher au gros de l'armée ennemie de passer le Loir, donna l'ordre au général Jaurès de s'en emparer à tout prix. Une première tentative eut lieu à la tombée de la nuit. Le régiment dut appuyer le mouvement de la 2e brigade, chargée de cette opération; à l'instant où le régiment prenait position au haut de la colline, en face et un peu à droite de la gare, un signal mal compris ou mal entendu précipita avant l'heure dans Fréteval le commandant Collet, à la tête de quatre compagnies de fusiliers marins; maîtres un instant du village, qu'ils avaient enlevé à la baïonnette, après des prodiges de valeur, les marins, écrasés par des forces supérieures et l'artillerie ennemie, durent se replier. Les Prussiens avaient été littéralement terrifiés par cette attaque; les marins les avaient poursuivis de maison en maison; dans une chambre, on trouva neuf cadavres prussiens; un officier fut cloué contre une porte d'un coup de baïonnette, le sabre traversant le corps était resté fixé dans le bois.

Les marins furent cruellement éprouvés; le commandant Collet fut tué, ainsi que son adjudant-major. Ainsi se termina ce premier combat de Fréteval; cette journée nous coûta une quinzaine d'hommes mis hors de combat.

Les troupes du général du Temple avaient fait, dans l'attaque du village de Fréteval, quelques prisonniers, que notre aumônier alla visiter;

étrange coïncidence, il en reconnut quelques-uns pour les avoir vus à Dreux, lorsqu'il était resté dans cette ville après l'attaque du 17 novembre. Ils appartenaient au 76e régiment d'infanterie, du corps de Treskow. Pour la deuxième fois, nous nous trouvions avoir été appelés à combattre ce régiment, et ce ne devait pas être la dernière, ainsi qu'on le verra par la suite de ce récit.

Le lendemain, 15 décembre, le régiment appuyait le mouvement du lieutenant-colonel Michaud, chargé de la périlleuse mission de reprendre Fréteval et de couper le pont, opération qui fut admirablement bien conduite et exécutée de point en point.

Le soir, le régiment retourna à ses campements de la Gaillardière, du Chêne-Vert et du Puits-Sourioux.

Le 16 décembre nous retrouvait encore à Fréteval. Vers midi, le 3e bataillon reçut l'ordre d'aller occuper la gare avec le 4e bataillon du Calvados. Le sol était encore jonché de cadavres, et la gare avait été criblée par les projectiles de toutes sortes. Nos mobiles enterrèrent les morts, et à peine avaient-ils fini cette pieuse besogne que le bataillon reçut l'ordre de rejoindre le régiment. Cette occupation du reste s'était passée sans incident. Quelques coups de fusil seulement avaient été échangés entre les sentinelles avancées. En ce moment, le 2e bataillon, de son côté, avait un instant critique.

Le lieutenant-colonel de Labarthe, ayant aperçu des chasseurs à pied, probablement de la 1re division, aux prises avec l'ennemi du côté de St-Hilaire, envoya quelques tirailleurs, sous le commandement du lieutenant Sauvalle, pour couronner le haut du plateau, en même temps que l'artillerie se mettait en batterie; mais nos pièces de 4 ne pouvant lutter contre les pièces à longue portée de l'artillerie ennemie, le capitaine de la batterie se replia pendant que nos tirailleurs occupaient l'ennemi; mais les Prussiens tournèrent aussitôt le feu de leurs pièces de notre côté et, plus tard, sur la ferme de la Gaillardière, où leurs obus commencèrent à tomber. L'un d'eux renversa la marmite d'une escouade en train de faire la soupe; un autre tomba près de la ferme où les officiers venaient de prendre leur repas. « Fermez la porte, qu'ils frappent au moins en entrant », s'écrie, en riant, le capitaine d'Agier; et c'est en défilant sous les feux de cette batterie que le 2e bataillon dut passer pour prendre part au mouvement général de retraite. Puis tout le régiment fut reformé au Plessis et assista à la retraite qui commençait. Convois, artillerie, régiments défilèrent longtemps, et, enfin, pour tromper l'ennemi sur notre véritable dessein, à l'arrivée de la nuit, le lieutenant Viel fut détaché avec une section pour aller allumer des feux sur les positions que nous avions occupées pendant la journée et laisser croire ainsi à notre présence sur ce point. Cet officier, secondé par les sergents Guignard et Martin, accomplit heureusement sa mission et rentra dans la nuit avec ses hommes. On se mit en marche à travers de petits chemins défoncés, où plus d'une caisse de biscuit et de munitions, abandonnée dans la boue, prouvait que le convoi avait passé, laissant des ornières sans fond. — On marcha longtemps au travers de la forêt de la Ville-aux-Clercs, où l'on arriva au matin (15 hommes en moyenne marchaient nu-pieds, d'autres, les plus favorisés, s'étaient procuré des sabots); le 17, au soir, après une nuit et un jour de marche, le régiment passa la nuit à Romilly; le 18, nous étions à Montdoubleau; le 19, à Vibraye et Berfay; le 20, à Pont-de-Gennes, et le 21, à Ivré-l'Évêque.

Après cette retraite, qui fait honneur à la 2e armée de la Loire et qui a rendu populaire le nom de son jeune chef, retraite que nos ennemis eux-mêmes ont appelée infernale, le général Chanzy adressa à ses troupes l'ordre du jour suivant :

« Soldats de la 2e armée,

« Depuis quinze jours, vous n'avez pas cessé « de combattre. Vous avez lutté héroïquement « contre la principale armée allemande, com- « mandée par le prince Frédéric-Charles, et, si « chaque jour vous n'avez pas complètement « battu l'ennemi comme à Vallières, à Coul- « miers, à Villepion, vous n'avez jamais subi de « défaite, puisque chaque soir vous avez couché

« sur vos positions, disputées avec acharnement
« de l'aube à la nuit. Pendant cinq jours, la
« 2e armée, appuyant sa droite à la Loire, sa
« gauche à la forêt de Marchenoir, s'est main-
« tenue dans ses lignes, en avant de Josnes;
« et les batailles des 7, 8 et 9 décembre ont été
« aussi glorieuses pour vous que funestes à
« l'ennemi, qui, de l'aveu de ses prisonniers, a
« subi des pertes considérables, surtout en offi-
« ciers de tous grades. Des considérations stra-
« tégiques vous ont ramenés sur les positions
« que vous occupez actuellement. Vous les con-
« serverez, quels que soient les nouveaux efforts
« de l'ennemi, qui ne s'acharne à vous que
« parce qu'il comprend que vous êtes pour lui
« l'obstacle de la résistance. Ce que vous venez
« de faire, malgré des privations forcées, des
« fatigues incessantes, le froid, la neige, la boue
« de vos bivouacs, vous le continuerez, puisqu'il
« s'agit de sauver la France, de venger notre
« pays envahi par des hordes de dévastateurs.

« Pour nos nouveaux efforts, il faut l'ordre,
« l'obéissance, la discipline ; mon devoir est de
« l'exiger de tous : je n'y faillirai pas. La France
« compte sur votre patriotisme, et moi, qui
« ai l'insigne honneur de vous commander, je
« compte sur votre courage, votre dévouement
« et votre persistance.

« *Le général en chef*,

« *Signé :* CHANZY. »

CHAPITRE VI.

Le Mans. — Sargé. — Fontey. — Savigné-l'Évêque. — Bataille du Mans. — Touvois. — Retraite. — Sillé-le-Guillaume. — Mayenne. — Contest. — L'armistice. — Retraite en arrière de la Loire. — Mirebeau. — Chasseneuil. — Poitiers. — Licenciement. — Conclusion.

La retraite de la deuxième armée de la Loire sur ses positions du Mans mettait fin à la deuxième partie de la campagne. A son arrivée, le général en chef, après avoir étudié les différentes positions stratégiques qu'offrait le chef-lieu de la Sarthe, où il allait refaire et réorganiser son armée, assigna à la 3e division du 21e corps la position ainsi décrite dans l'histoire de la 2e armée de la Loire :

« Au nord du Mans, entre la Sarthe et l'Huisne, la ville est dominée par un grand plateau, dont le centre est le village de Sargé, qui arrive à se déprimer à une distance moyenne de six à sept kilomètres, donnant ainsi à son extrémité une série de positions avantageuses, dont les principales sont le château Chapeau, entre les routes de Montbizot et de Ballon, les Croisettes, etc., etc., reliant à la route de Bonnétable et la Pouasserie, qui commandent les pentes escarpées descendant sur l'Huisne, au-dessus d'Ivré-l'Évêque (2ᵉ armée de la Loire, p. 226). »

Le 22 décembre, après avoir traversé Le Mans, le régiment prenait ses cantonnements : les 1ᵉʳ et 2ᵉ bataillons, à Fontey; le 3ᵉ, au château de Montauban, puis aux Croisettes.

Nos troupes arrivaient épuisées de fatigue et dans un état de délabrement présentant l'aspect le plus misérable; vêtus de haillons, sans souliers, nos hommes avaient tous les pieds endoloris, presque tous étaient atteints de bronchite et de rhumatisme; la variole continuait ses ravages; le froid, les maladies, le feu, avaient fait de nombreuses victimes; les compagnies avaient à peine le tiers de leur effectif de départ. Un nombre considérable de blessés et de malades avaient été abandonnés partout où nous avions passé, et, malgré un détachement de 240 hommes qui nous était arrivé à Fréteval, venant du dépôt sous la conduite du capitaine Clément, le régiment comptait à peine 2,000 combattants.

Du 20 décembre au 8 janvier, le régiment conserva ses positions autour du Mans; il faisait un froid cruel; néanmoins nos soldats purent enfin trouver quelques jours d'un repos rendu si nécessaire. Ces quelques moments de répit furent employés à nous pourvoir de tout ce que nous pûmes obtenir, soit des magasins de l'intendance de l'armée, soit directement du Gouvernement de la défense nationale. Plusieurs officiers avaient été successivement envoyés en mission à Tours et à Bordeaux, et en avaient obtenu bon nombre d'effets d'habillement et d'équipement; une partie de ces envois, depuis longtemps en route à notre destination, avait fait un séjour forcé dans les gares, par suite des événements, et nous parvenait enfin; nous obtînmes ainsi des pantalons garance, des souliers, des vareuses grises, quelques équipements, des couvertures de campement, etc. Cependant, mues par un sentiment d'une louable générosité, et (nous ne saurons l'oublier), suivant avec anxiété les pas de leurs enfants, les communes du département du Calvados se cotisaient; des quêtes fructueuses avaient lieu dans les villages les plus pauvres, et chaque localité envoyait à ses enfants des effets de toute nature, et même de l'argent.

En tête de ce généreux et patriotique élan, se montrait la capitale du Calvados : la vieille cité caennaise, pendant notre séjour à Fontey, avait envoyé auprès de nous quelques délégués, qui, en rentrant, racontèrent à leurs concitoyens le triste état où les souffrances et les fatigues de la campagne nous avait réduits. Le mauvais état de nos vêtements, le manque de chaussures étaient une des causes de nos désastres ; continuer la campagne dans de pareilles conditions, c'était envoyer à une mort presque certaine ces milliers de braves jeunes gens. Émue de ces récits, malgré les sacrifices énormes qu'elle s'était imposés, la cité tout entière, depuis le riche jusqu'au dernier de ses ouvriers, se cotisa pour remédier à tant de souffrances et aider cette jeune armée, qui avait tenu si ferme, dans les plaines du Loiret, le drapeau de la France.

Un comité se constitua aussitôt, et convia par la lettre suivante tout le département à s'associer à cette œuvre généreuse :

MOBILES DU CALVADOS.—COMITÉ CENTRAL.

« A nos concitoyens du Calvados.

« Nul de vous n'ignore quelles épreuves les « rigueurs d'un froid exceptionnel ont imposées « à nos mobiles : leur habillement, insuffisant « pour une campagne d'automne, s'est trouvé « usé pour la campagne d'hiver, et il n'est pas « une famille où l'on ne trouve le confident ou le « témoin de souffrances, pour le soulagement « desquelles la générosité publique s'est déjà « émue.

« Malheureusement, les efforts isolés, quoique « nombreux et énergiques, sont demeurés im- « puissants. Nous apprenons, en effet, par une « lettre du colonel de Labarthe, adressée au « président de la commission municipale de « Caen, sous la date du 4 janvier, qu'au mo- « ment de sortir de leurs cantonnements les « mobiles du Calvados placés sous ses ordres « manquent de *l'indispensable.*

« Pas de souliers de rechange pour les lon-
« gues marches qui vont recommencer; pas de
« capotes contre la pluie, la neige et le vent.

« Le colonel compte sur le patriotisme des
« habitants du Calvados pour donner à ses
« hommes ces deux objets indispensables et leur
« permettre de marcher avec succès à la défense
« de la France.

« Resterons-nous sourds à l'appel qui nous
« est fait ? supporterons-nous le contraste inju-
« rieux du confortable de nos ennemis avec le
« dénûment de nos défenseurs ?

« Non. Tous ceux qui ne peuvent donner à
« la patrie le témoignage du sang, mais qui
« sentent battre dans leur poitrine un cœur
« français, tous ceux dont l'âme est navrée du
« malheur de leur pays et des souffrances de
« leurs frères, tous ceux qui comprennent que
« c'est un devoir strict de sacrifier, au soula-
« gement des soldats qui se battent pour nous,
« quelque chose de leur richesse, de leur aisance
« et même de leur pauvreté, ceux-là, et c'est
« vous tous, répondront à l'appel fait à leur gé-
« nérosité et à leur patriotisme.

« Un comité central s'est constitué pour agir
« plus vite, et, par suite, pour agir mieux. Il lui
faut 120,000 fr. pour acheter les 3,000 capotes
« et les 3,000 paires de souliers qui sont de-
« mandées.

« Ces 120,000 fr., il les faut en dix jours.

« Vous nous les donnerez ; les commandes

« sont préparées, les précautions prises ; dès « que les fonds seront réunis, le comité pourra « faire délivrer capotes et souliers aux chefs « qui commandent les mobiles du Calvados.

« Nous habitons une riche contrée ; qu'il ne « soit pas dit que nos compatriotes sont les « plus misérablement vêtus de l'armée de la « Loire !

« Nous sommes d'une vieille race, réputée pour « sa vaillance et son patriotisme ; qu'il ne soit « pas dit que nous avons dégénéré !

« *Les membres du Comité central,*

« *Président :* ROULLAND, président de la Com« mission municipale de Caen.

« AUBERT, avocat, membre du Comité de « défense.

« BEAUJOUR, président du Tribunal de Com« merce de Caen.

« CAREL, avocat, professeur à la Faculté de « Droit de Caen.

« Comte DE LABARTHE, propriétaire.

« DUPRAY DE LA MAHÉRIE, conseiller à la « Cour d'appel.

« L. GAUGAIN, propriétaire.

« *Secrétaire :* TIPHAIGNE, avocat, bâtonnier « de l'Ordre.

« *Trésorier :* BELLAMY, banquier. »

Cet éloquent appel fut entendu de tous les coins du département; on y répondit avec empressement, et, en quelques jours, la somme de 120,000 fr. était réalisée et au-delà. Malheureusement, les événements se précipitèrent et ne nous permirent pas de jouir pleinement de la libéralité des habitants du Calvados : capotes et souliers ne nous parvinrent que quelques jours avant notre licenciement.

Enfin, le lieutenant Pain, officier d'armement du régiment, après bien des démarches, était revenu de Bordeaux et de Poitiers avec un certain nombre de chassepots destinés à l'armement du régiment. Quelques jours de répit encore et nous étions complètement équipés et armés, prêts à entrer de nouveau en campagne, dans de meilleures conditions que la première fois ; en outre, tous les instants laissés libres, dès que le temps le permettait, avaient été utilisés à achever notre instruction militaire.

Cependant, la tranquillité dans laquelle nous vivions ne devait pas être de longue durée. Aux premiers jours de janvier, la grande ligne allemande s'étendant de Chartres à Beaugency se mettait en marche.

Le 4 janvier, le commandant en chef du 21e corps passait en revue notre division, commandée par le général de Villeneuve, qui avait remplacé le général Guillon, appelé au commandement de la cavalerie. Le général Jaurès trouva notre régiment dans un état relativement satisfaisant ; il restait beaucoup à faire pour nous rééquiper complètement, mais, grâce à l'activité

13

déployée, nous pouvions, si les circonstances le permettaient, achever en peu de temps notre réorganisation complète. En même temps, la 1re division de notre corps d'armée avait quitté ses positions du plateau d'Auvours pour se porter à la rencontre de l'ennemi, signalé près de Nogent-le-Rotrou. Après quelques engagements heureux avec l'ennemi, cette division avait été forcée de se replier devant les forces considérables du duc de Mecklembourg; sa position allait devenir critique et sa retraite difficile; pour faciliter sa rentrée dans ses lignes en avant du Mans, le général Jaurès se porta lui-même à son secours avec la réserve de son corps d'armée; en même temps, notre division partait des environs de Sargé pour Savigné-l'Évêque.

Simultanément, les 1er et 2e bataillons venaient d'être armés du chassepot; dans la neige jusqu'aux genoux, on employa jours et nuits tous les instants à exercer nos mobiles au maniement de cette arme; on le voit par ce fait, cette organisation hâtive, qui avait présidé à nos débuts, devait se continuer jusqu'à la fin. En même temps, des milliers de mobilisés étaient armés, au camp de Conlie, de fusils Spencer ou Sprinfield, et allaient être obligés de faire le coup de feu avec des armes dont ils ignoraient le maniement et la portée; dans de telles conditions, nous allions avoir à lutter contre les vétérans de l'armée la plus aguerrie et la mieux organisée de l'Europe. Pourtant, malgré cette infériorité de situation et de conditions matérielles, pendant trois jours consécutifs, nous devions tenir en échec la 1re armée de Prusse, commandée par Frédéric-Charles lui-même, et toucher de près à un succès décisif, qu'un concours de circonstances aussi fatales qu'inattendues vint nous enlever au dernier moment.

Le 9, l'ennemi marchait à grands pas contre nous, décrivant un cercle menaçant, dominant le flanc gauche de notre armée de Bellême à Nogent-le-Rotrou, notre centre par Vendôme et St-Calais, et notre droite par Château-du-Loir et La Châtre. Les divers engagements qui avaient eu lieu avaient rétréci la circonférence de ce cercle, et, le 10, toute la deuxième armée de la Loire était ramenée à ses positions du Mans, où une bataille importante devenait imminente. En effet, dans cette journée, où le canon ne cessa de se faire entendre autour de nous, avaient lieu les combats de Parigné-l'Évêque, de Changé, de St-Hubert et de Champagné; le régiment établi au village de Savigné-l'Évêque resta sous les armes toute la journée et toute la nuit.

La neige couvrait le sol d'une épaisseur d'un pied. Une colonne ennemie apparut un instant du côté de Bonnétable, mais tout se borna à l'échange de quelques coups de fusils et quelques obus.

Le 11 janvier, avait lieu une attaque générale de toutes nos lignes par les armées prussiennes. Cette bataille du Mans a été bien des fois racontée par des écrivains sérieux et compétents; Chanzy lui-même en a raconté impartialement toutes les péripéties. Après de telles autorités, notre mission d'historien se trouve dès lors singulièrement abrégée; nous nous bornerons à en constater les résultats, et à traduire nos impressions à la fin de cette journée, pour le succès de laquelle Chanzy, et tout le monde l'a reconnu, avait fait tout ce qu'il était possible de faire; mais l'inexorable αναγκη poussait fatalement la France à sa ruine. L'action avait duré jusqu'à 6 heures du soir; à 8 heures, on entendait encore le canon, mais ne tirant que faiblement. C'était, selon une rumeur courant dans la ville, nos batteries tirant leurs derniers coups sur 10,000 Prussiens cernés au château du Luart. Ce bruit n'avait malheureusement rien de fondé; pourtant la journée avait été loin de nous être défavorable, et le général en chef en instruisait ses troupes par un ordre du jour dont nous extrayons ces lignes:

« *Au grand quartier général du Mans.*

« Le 11 janvier 1871.

« L'ennemi a renouvelé ses attaques sur « presque tout le front de nos lignes. Sur la rive « droite de l'Huisne, nos positions ont été main- « tenues; sur la rive gauche, le village de « Champagné, gardé d'une façon insuffisante, a

« dû être abandonné. De ce côté, l'ennemi a
« paru concentrer ses efforts sur le plateau d'Au-
« vours, dont il comprenait l'extrême impor-
« tance; mais les dispositions prises par le géné-
« ral de Colomb, l'énergique tenacité du général
« Gougeard et le courage du corps de Bretagne
« nous ont conservé cette position, qu'il ne faut
« céder à aucun prix. . . . .
« . . . .

« Le général en chef félicite les troupes de
« leur énergie, et leurs chefs de la vigueur qu'ils
« ont déployée. »

Le régiment, ainsi que la division, n'avaient pas été engagés dans cette journée; les 1er et 2e bataillons s'armaient à la hâte du chassepot, et à quelque distance de l'ennemi, au milieu de la neige et au bruit des détonations multipliées de l'artillerie, nous instruisions nos hommes au maniement de cette arme, dont ils pouvaient, d'un instant à l'autre, être appelés à se servir. Le 2e bataillon, sous le commandement du capitaine d'Argenton, s'était porté au pont de la Gorge, route de Ballon, pour défendre le passage concurremment avec un bataillon de marins sous les ordres du capitaine de frégate Michaud.

La journée du 12 commença sous de tristes auspices; dès le matin, des bandes de fuyards encombraient la ville, on voyait sur les ponts s'entasser les convois, les canons, les fourgons et tous les *impedimenta* d'une armée, et pêle-mêle, en cohue, des troupes de toutes armes, artillerie, infanterie, mobiles, mobilisés, et tout cela se débattant, marchant, roulant dans la neige piétinée, durcie et transformée en glace, au milieu d'un temps sombre et brumeux; la veille, pourtant, le calme et la confiance régnaient dans la ville; que s'était-il donc passé pendant cette nuit fatale?

Le 11, au soir, les mobilisés de Bretagne, sous les ordres du général de La Lande, avaient abandonné la porte de la Tuilerie, presque sans combattre, devant un retour offensif de l'ennemi. Cet abandon de la Tuilerie a été une des causes de la perte de la bataille du Mans; on en a tant parlé depuis, que nous avons cru devoir rapporter ici le récit de cet épisode, extrait de la correspondance du *New-York Herald* :

« Tous leurs succès (des Prussiens) avaient « été négatifs, et les officiers et soldats français « espéraient toujours qu'à la fin de la journée « du lendemain ils auraient vaincu leur ennemi.

« Mais un événement imprévu arriva, qui chan- « gea complètement les prévisions des Français. « Ce fut un de ces faits qui se produisent assez « souvent dans l'histoire de la guerre. S'il ne se « fût pas passé, le résultat eût été désastreux « pour les Allemands; il eut lieu et renversa les « espérances des Français. L'obscurité s'était ré- « pandue sur le champ de bataille, je devrais « dire plutôt que la journée était finie, car la « soirée n'était pas très-obscure. On pouvait

« distinguer les champs de neige tachetés çà et « là par de noirs objets, les corps des victimes « du combat de la journée, pendant que des « bouquets de bois se dressaient au milieu de « ces champs neigeux.

« Soudainement, et évitant toute espèce de « dispositions préparatoires, qui auraient pu at- « tirer l'attention, un corps considérable d'Alle- « mands renouvela la bataille. Ils firent avancer « vers la droite des Français d'immenses masses « d'infanterie, qui se portèrent en avant avec la « plus grande rapidité, rejetant dans toutes les « directions les forces qui leur étaient opposées. »

Ces forces, c'étaient les mobilisés de Bretagne. Surpris par cette attaque, alors qu'ils croyaient le combat fini, ils avaient lâché pied. « De telles paniques sont une honte », avait écrit aussitôt, à cette nouvelle, le général en chef, en prescrivant de reprendre immédiatement cette position, dont il connaissait toute l'importance. « Oui, cette défaillance fut coupable », a dit le général Gougeard dans sa brochure, l'*Armée de Bretagne;* elle neutralisa nos efforts et rendit inutile tout le sang versé ; mais quelles excuses ne pourrait-on pas invoquer en faveur de ces pauvres gens, arrivés depuis peu de ce misérable camp de Conlie, sans instruction militaire, et pourvus d'armes dans lesquelles ils n'avaient aucune confiance, et dont ils savaient à peine se servir? Malheureusement, dans leur déroute, les mobilisés avaient entraîné les troupes rencontrées sur leur passage; la panique avait gagné rapidement les 16ᵉ et 17ᵉ corps. En vain, on avait essayé de reprendre la Tuilerie ; en vain, on avait voulu rallier ces troupes en désordre ; à minuit, l'amiral Jauréguiberry télégraphiait au quartier général :

« Je reçois des nouvelles alarmantes; on n'a « pu réussir à reprendre la Tuilerie. »

Pourtant, l'énergique commandant de l'armée de la Loire voulut tenter un suprême effort ; à 4 h. 25 m. du matin, il répondait à l'amiral :

« La situation est grave, nous ne pouvons nous « en tirer que par une offensive vigoureuse, dès « ce matin et le plus tôt possible. Je compte pour « cela entièrement sur votre vigueur.

« Au jour, vos troupes se reconnaîtront et « reprendront confiance ; tout peut être sauvé. »

Cet espoir ne devait pas être réalisé ; malgré tous les efforts tentés, la Tuilerie ne put être reprise. Plus tard, l'amiral Jauréguiberry dut télégraphier de nouveau :

« Je suis désolé d'être obligé de dire qu'une « prompte retraite me semble impérieusement « commandée. »

« Il fallut se rendre à l'évidence, continue le général Chanzy dans son histoire ; les troupes du général Barry, sur la droite, s'étaient mises en retraite avant le jour ; sur la gauche, celles du général Jouffroy avaient perdu une grande partie de leurs positions et ne paraissaient pas susceptibles d'un effort qui eût été nécessaire pour les reprendre.

« D'un autre côté, les Allemands, encouragés par le succès inespéré pour eux de la Tuilerie, s'étaient reportés en force sur Auvours et avaient obligé nos troupes, ébranlées à la nouvelle de ce qui se passait sur leur droite, à abandonner le plateau et à repasser l'Huisne sur les ponts d'Ivré-l'Évêque. »

Quelques heures de retard encore, et cette guerre si fatale déjà allait compter une catastrophe de plus : la deuxième armée de la Loire allait être anéantie ou réduite à capituler.

A la vue du navrant spectacle de ses troupes se débandant et refusant de combattre, le général en chef donna les ordres de retraite. « Si je n'avais écouté que mon indignation, écrivit-il au ministre de la guerre, j'aurais fait sauter les ponts et lutté quand même.

« Néanmoins, j'ai cru que mieux encore valait conserver cette armée à la France, dans l'espoir qu'un jour peut-être elle prendrait sa revanche. »

Puis, en transmettant ses instructions à l'amiral Jauréguiberry : « Le cœur me saigne, lui dit-il ; mais quand vous, sur qui je compte le plus, vous déclarez la lutte impossible et la retraite indispensable, je cède. »

A 2 heures 1/2 de l'après-midi, sur la hauteur de la chapelle St-Aubin, le général Chanzy surveillait tristement la retraite de son armée, qui avait déjà en partie franchi la Sarthe et prenait la route de Laval.

La nouvelle de l'évacuation du Mans et l'ordre

de retraite parvinrent dans la nuit au général Jaurès; en même temps, il lui faisait connaître qu'à notre corps était dévolu le triste et périlleux devoir de protéger la retraite. Il nous reste à raconter ce qui se passa de ce côté et la part glorieuse que prit le régiment à l'héroïque résistance du 21e corps, qui, loin de partager la panique des autres corps, sut, par son attitude, tenir l'ennemi à distance et sauver la deuxième armée d'un désastre complet.

Du côté de Savigné-l'Évêque, où était établi le régiment, la nuit s'était passée comme les précédentes, c'est-à-dire sous les armes; ce fut une des nuits les plus pénibles de la campagne, la neige tombait à gros flocons, et couvrait le sol d'une épaisseur de 50 centimètres.

Le lendemain, au matin, circulait la triste nouvelle de l'abandon de la Tuilerie, par les mobilisés, et de l'évacuation du Mans, entraînant la retraite de l'armée. « Le 12, vers 11 heures, écrit dans son rapport un des capitaines de grand'-garde du 3e bataillon, le 16e corps en pleine déroute vint se jeter sur ma grand'garde : infanterie de marine, marins, mobilisés, mobiles, en cohue, fuyaient dans le plus affreux désordre; les soldats avaient jeté képis, fusils, sacs. J'essayai en vain de les arrêter : menaces, force ou persuasion, rien n'y fit; ils m'eussent infailliblement passé sur le corps; toutefois, je ne saurais trop faire l'éloge de l'attitude calme et digne de nos mobiles dans cette circonstance. Loin de céder à l'entraînement de la déroute, ils essayèrent avec leurs officiers d'arrêter les fuyards; quatre de mes sentinelles avancées furent littéralement enlevées par ces trombes humaines indignes du nom de soldat, si l'on ne prenait en considération les souffrances endurées, les fatigues inouïes d'une lutte qui avait duré cinq jours. »

Pendant ce temps, le régiment se préparait à résister vigoureusement. Au retour d'une permission qu'il avait obtenue, M. de Labarthe avait trouvé, en débarquant à la gare du Mans, l'armée en pleine retraite; sautant à cheval sans perdre une minute, il s'était élancé dans la direction de son régiment, au risque d'être pris ou culbuté vingt fois sur sa route; parcourant d'un bout à l'autre nos lignes, il essayait alors de communiquer à tous cette bravoure chevaleresque qui le caractérise.

A 11 heures, la fusillade qui avait éclaté dès le matin de tous côtés s'était sensiblement rapprochée; on avait utilisé le temps à construire des barricades et à couper les routes; un instant après, il fallait combler ces coupures pour laisser passer la division du général Colin, battant en retraite sur Ballon; cette division avait eu quatre mille hommes hors de combat dans la journée précédente; la retraite de cette division de notre corps sauva le 15e mobiles; en effet, à peine les têtes de colonnes de cette division arrivaient-elles à la hauteur de Courcebœuf, qu'elles furent accueillies par une vive fusillade de l'ennemi, venu de la la retraite des troupes chargées de garder l'extrême gauche. C'est dans ce mouvement que tomba mortellement frappé le capitaine Le Pippre, de la 4e compagnie, enlevant les hommes avec un entrain et une bravoure au-dessus de tout éloge (1). « A ce moment, dit le père Granger dans une lettre qu'il nous a adressée, les balles crépitaient à nos oreilles, à un tel point, que je ne savais véritablement de quel côté tourner la tête ; la place d'un aumônier n'était peut-être pas là ; mais que voulez-vous ? je suivais nos braves jeunes gens, qui se sont battus comme vous le savez ; pourtant, je m'abritai un instant dans une petite buanderie ; j'y étais à peine depuis quelques minutes, que le docteur Legougeux m'appela auprès du capitaine Le Pippre, qui venait d'être blessé ; j'accours, il était à trente pas de moi, je me couchai à ses côtés afin de ne pas servir de point de mire aux Prussiens qui arrivaient, ou aux nôtres qui ne reculaient devant ces masses d'ennemis que pied à pied et tout en combattant. Le pauvre capitaine fit quelques pas ; bientôt nous étions rejoints par les Prussiens. Je leur demandai un chirurgien : trois vinrent successivement panser notre pauvre blessé ; deux soldats, mettant leurs fusils en travers, le portèrent dans la ferme de la Périolée. Je marchais derrière, tenant le fusil de l'un des

(1) Voir la Notice sur ce regrettable officier à la fin de cet ouvrage.

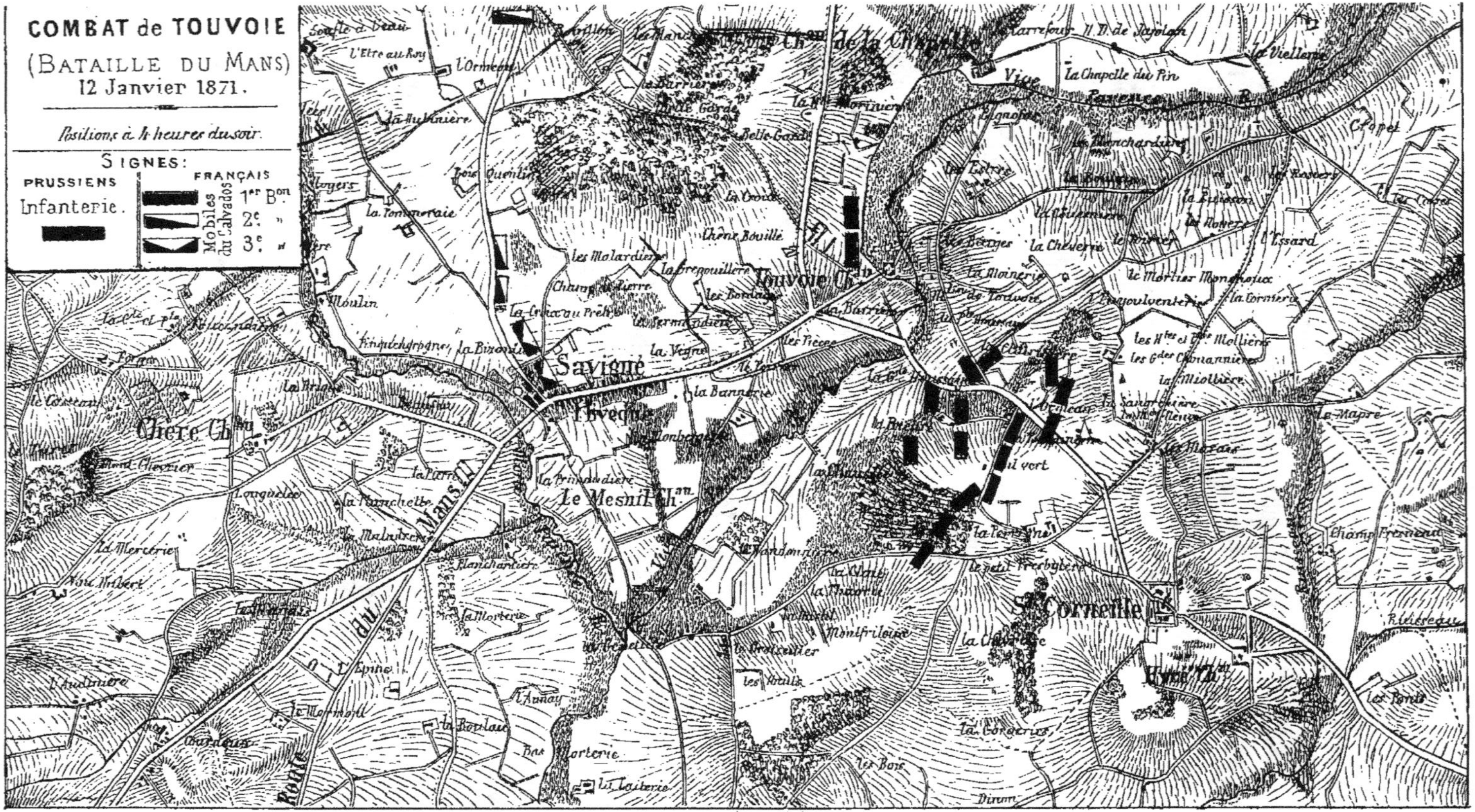
COMBAT de TOUVOIE
(BATAILLE DU MANS)
12 Janvier 1871.
Positions à 4 heures du soir.
SIGNES:
PRUSSIENS
Infanterie.
FRANÇAIS
Mobiles du Calvados
1er Bon
2e "
3e "
Savigné
Touvoie
Le Mesnil
St Corneille
Chère
l'Evêque
la Chapelle du Pin
l'Ormeau
la Bizonière
la Barrière
la Vigne
la Bannerie
les Pièces
les Malardières
Champ de Pierre
Chêne Bouillé
la Croix au Prêtre
la Tommeraie
Moulin
le Coteau
Longuelée
la Planchette
la Mercerie
la Morterie
l'Épine
l'Aunay
Bas Morterie
la Laiterie
les Bois
la Conerie
les Ponts
Rivièreau
la Mapre
les Marais
la Chevrie
l'Essard
la Corniche
les Hes et Bes Mollières
les Gdes Chouannières
la Miollière
le petit Presbytère
le Vignau
la Croix
Belle Garde
la Barrière
Bois Quentin
Montfrileux
les Boulais
L'Être au Roy
Soufle d'Beau
la Hubinière
la Brière
les Bergues
la Bouleuse
la Blanchardière
Vive
Carrefour N. D. de Jayolan
la Vieilleme
Crapet
les Rosiers
Route du Mans
IMP BAUDOT. PARIS

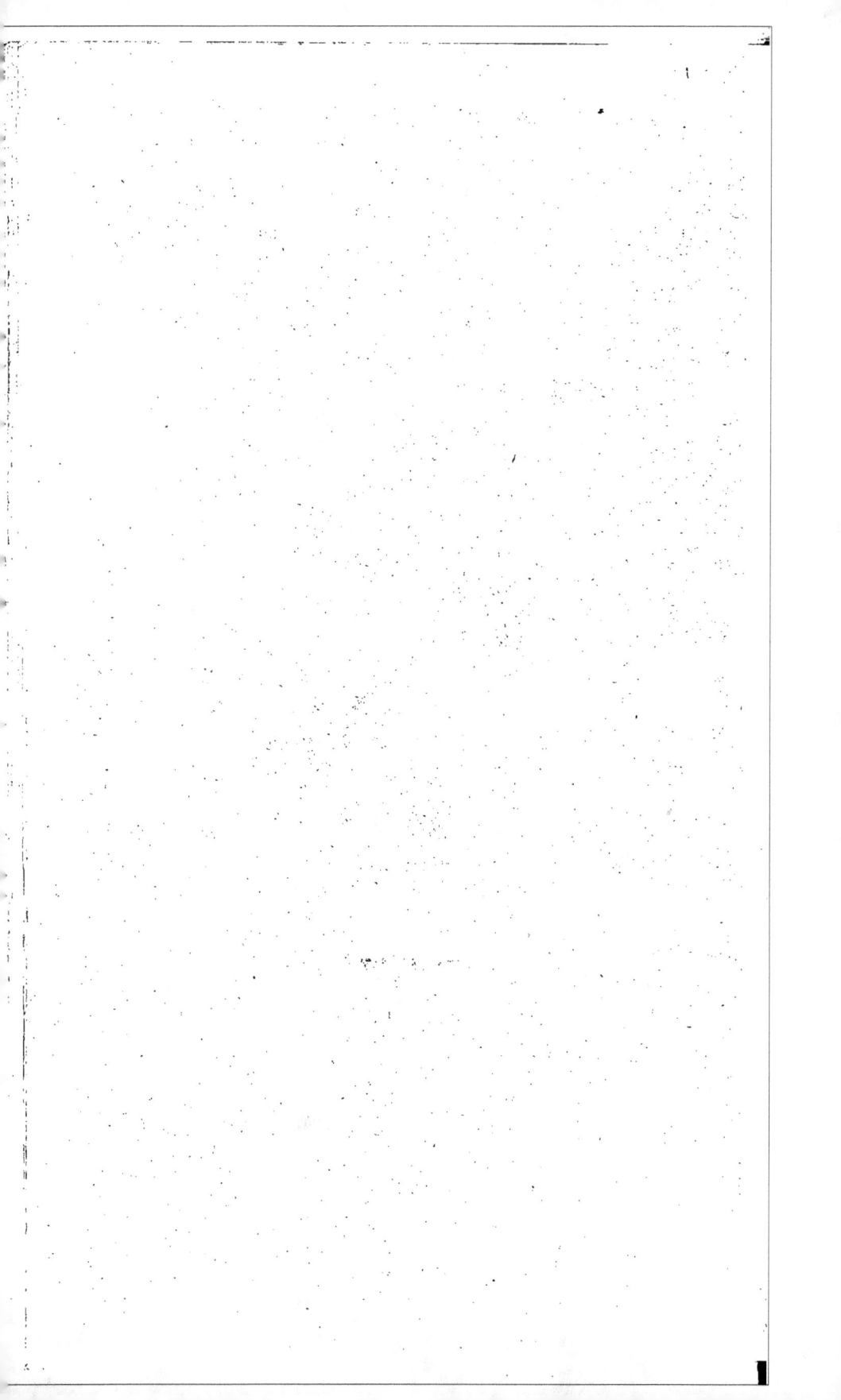

Prussiens ; mais d'autres survinrent, et, voyant mon brassard, m'arrachèrent l'arme des mains. Trois blessés prussiens se trouvaient déjà dans la ferme ; on vint les chercher vers 8 heures.

« Vers dix heures, le major Sedlitz commandant le 76e prussien vint demander un lit. Il fut d'une bonté extrême pour notre pauvre capitaine, me fit donner, ainsi qu'à lui, quelque nourriture et lui céda même le seul lit vacant dans la maison, se contentant d'un matelas placé à terre. » La généreuse conduite de cet officier prussien méritait, dans notre ouvrage, une place d'autant plus méritée que, pendant toute la campagne, nos adversaires ont trop souvent oublié le respect dû au courage malheureux ; mais reprenons le cours de notre récit.

Le 2e bataillon, placé au pont de la Forge, défendant la route de Ballon, n'avait eu que peu à souffrir ; le 3e bataillon, encore armé de fusils à tabatière, avait été placé en réserve à 100 mètres en arrière pour l'appuyer ; seule la 1re compagnie de ce bataillon avait été armée de chassepots et avait été détachée pour soutenir le 1er bataillon au cas où il aurait été délogé de ses positions. Le passage de la division Colin de ce côté avait heureusement préservé ces deux bataillons d'une attaque, ainsi que nous l'avons dit précédemment. Néanmoins, plusieurs fois dans le cours de la lutte, les officiers d'ordonnance du général avaient prévenu les chefs de bataillon que l'ennemi gagnait du terrain ; en effet, si la division Colin avait été refoulée du côté de Corcebœuf, ces deux bataillons auraient eu à supporter tous les efforts de l'ennemi et eussent été infailliblement coupés dans leur ligne de retraite.

Cependant, le 1er bataillon tenait énergiquement. La nuit arrivait, mais la 2e armée était déjà de l'autre côté de la Sarthe; notre mission était dès lors honorablement remplie; le général Stefani fit donner les ordres de retraite. Au milieu de l'obscurité, cet ordre est transmis aux compagnies du 1er bataillon, disséminées dans les chemins creux ; pourtant elles parviennent à se rallier facilement et se réunissent à droite et à gauche de la route de St-Corneille, à quelques mètres de sa jonction avec la route de Bonnétable. Cependant les 6e et 8e compagnies manquaient en partie, on dut attendre; pendant ce temps d'arrêt, les Prussiens, dissimulés par la route accidentée, s'avançaient en silence; déjà ils franchissaient le pont qui coupe la route de St-Corneille, lorsque le commandant de La Rougefosse, qui observait depuis un instant les allures de cette masse noire qui s'avançait, prévint son bataillon de la présence de l'ennemi, avec ce calme et cet à-propos dont il avait donné tant de preuves, fit apprêter les armes; les Prussiens n'étaient plus qu'à 100 mètres des nôtres ! Un feu de bataillon les arrêta court : cette décharge fut effroyablement meurtrière pour eux, à en juger par les hurrahs sauvages qu'ils poussèrent et le peu d'assurance qu'ils montrèrent dans la riposte ; en effet, les balles sifflèrent au-dessus du bataillon, presque sans faire de victimes. Aidé des francs-tireurs de la Gironde qu'il avait ralliés, le commandant de La Rougefosse, par quelques feux de peloton rapidement exécutés, finit par rejeter pour un instant l'ennemi au-delà du pont qu'il avait essayé de franchir ; profitant de ce moment, et sur l'ordre réitéré qui lui était donné de se replier en toute hâte, le commandant se mit en retraite et rejoignit les deux autres bataillons, espérant y trouver les sections des 6e et 8e compagnies qui manquaient à l'appel (1) ; mais, contre son espérance, ces deux compagnies serrées de près n'avaient pu se dégager : établies d'abord en face du château de la Perrine, ces compagnies avaient dû abandonner cette position, ayant été attaquées à l'improviste de ce côté, qu'elles croyaient gardé par un détachement d'infanterie de marine (2). D'après l'ordre du commandant de La Rougefosse, elles s'étaient portées ensuite plus à droite pour aller occuper la ferme la plus rapprochée de la route de St-Corneille. Au mi-

(1) Les mobiles du Calvados se retirèrent en arrière d'un ruisseau qu'il fallait défendre à toute force. A la nuit, les Prussiens viennent pour le franchir, croyant les mobiles partis ; mais nos hommes, couchés dans les sillons, les reçoivent par un feu de bataillon qui arrête un instant leur mouvement.

(2) Trois compagnies d'infanterie de marine quittèrent, sans faire prévenir le lieutenant-colonel commandant, ce point de la position, de sorte que les Prussiens purent passer par ce point, laissé sans défense, et nous fûmes cernés.

lieu de la neige, de champs bordés de haies et de fossés, sous le feu de l'ennemi, le mouvement ne put s'exécuter que lentement. De leur côté, les Prussiens arrivant de St-Corneille finissaient par gagner d'autant plus de terrain que les troupes qui leur étaient opposées s'étaient successivement repliées, et le 15e seul restait à cette heure à soutenir la lutte et à conserver ses positions. Or, tandis que la tête de la petite colonne s'élançait au pas gymnastique vers la position qu'elle devait occuper et défendre à outrance, selon les instructions reçues, la queue de cette même colonne était prévenue de la retraite et l'opérait. A peine les premiers mobiles de la tête avaient-ils paru sur la route et commençaient-ils à s'y établir, que des Prussiens, couchés dans les fossés, surgirent par centaines; en même temps, deux compagnies d'infanterie bavaroise s'élançaient dans la direction de Touvois pour enlever tout espoir de retraite à cette poignée d'hommes, qui, en un instant, se trouva complètement enveloppée ; pris à l'improviste, et l'obscurité venant ajouter encore à cette situation critique, nos mobiles ne songent pourtant pas à fuir, et se groupent résolument autour de leurs officiers ; à la baïonnette ! s'écrie alors le sergent-major La Haye(1), voulant tenter un effort désespéré

(1) Ce brave sous-officier, qui s'était engagé volontairement au commencement de la campagne, fut fait prisonnier pour la seconde fois. Pris malade à l'hôpital de Nonancourt, il s'était échappé et avait immédiatement rejoint. Cette fois, il s'échappa encore et rejoignit aussitôt.

qui eût infailliblement abouti à faire massacrer nos malheureux normands. Quelques-uns continuaient la lutte; à chaque coup de fusil, parti de leurs rangs, répondait un feu de peloton prussien; voyant que toute résistance devenait impossible, et voulant arrêter l'effusion d'un sang qui allait être versé inutilement, le capitaine de La Londe fit cesser le feu, et, abaissant son épée, il la rendit à un officier prussien qui s'avança. Son exemple fut suivi par MM. de Kergorlay (1), Pierre et Raymond, lieutenants; d'Osseville, sous-lieutenant; Daucher, adjudant; avec eux, 82 hommes furent désarmés et faits prisonniers.

L'abbé Granger n'avait pas voulu quitter l'infortuné capitaine Le Pippre et était resté avec lui au milieu des lignes prussiennes, ainsi que l'aide-major Legougeux, dont le dévouement et le courage pendant toute la campagne, et surtout dans cette journée, méritent les plus grands éloges, seule récompense qu'il soit en notre pouvoir de lui décerner, mais qui ne saurait lui faire oublier celle qu'il n'a pas reçue et à laquelle il a tant de droits.

Les 1re et 3e compagnies, commandées par les capitaines Guillouard et Londe, presque cernées, rejoignirent enfin, après avoir maintenu toute la journée leurs positions avancées sous les feux croisés de l'ennemi, malgré la retraite des mo-

(1) M. de Kergorlay, Raymond, en allant donner l'ordre de retraite aux deux compagnies cernées par l'ennemi, fut fait prisonnier.

biles d'un autre département, et d'un corps de francs-tireurs, qui jadis s'était conduit avec plus de fermeté.

Le soir, vers 11 heures, le 15e mobiles campait dans un pied de neige, sans feu, sans tentes et presque sans vivres, sur le bord de la route, à Souligné-sous-Ballon.

Là, l'appel vint constater les pertes sérieuses que nous avions faites, et la nuit s'écoula tristement.

Nous nous faisons un devoir de rapporter ici les quelques lignes que le général Chanzy a consacrées à ce combat, dans son ouvrage :

« Vers 4 heures 1/2, l'ennemi se présenta en masse par la route de Montfort et commença une attaque vigoureuse ; le 15e régiment de mobiles, sous les ordres du lieutenant-colonel de Labarthe, soutint bravement le choc, et, après des engagements corps à corps, finit par conserver ses positions. »

A son tour, le général Gougeard, en racontant la bataille du Mans, s'exprime ainsi : « La division de Villeneuve (3e du 21e corps) et la division général Colin (2e du 21e corps) soutinrent le choc pendant toute la journée et une partie de la soirée, avec un admirable sang-froid. »

Enfin, un ordre du général en chef vint porter à la connaissance de toute l'armée les services rendus par le 21e corps :

« Le général en chef est heureux d'exprimer toute sa satisfaction au général Jaurès pour la façon dont il a conduit, pendant les journées des 11 et 12, sa retraite, rendue difficile par la dispersion de ses divisions, les distances à parcourir et les combats à livrer. Il félicite également les troupes du 21e corps, qui, dans cette opération, ont fait preuve d'ordre, de discipline, de tenacité et de vigueur, alors que se produisaient, dans certaines parties de l'armée, les défaillances qui ont amené la retraite du Mans au moment où nous avions les meilleures chances pour battre l'ennemi. »

Le lendemain, 13 janvier, le régiment chargé de la garde des convois et de l'artillerie quittait Souligné-sous-Ballon et passait par St-Jean-d'Assé, où un repos de quelques heures fut accordé. Malgré l'épuisement général, l'infatigable capitaine Guillouard trouva des hommes de bonne volonté pour aller reconnaître les environs. Pendant ce temps, quelques uhlans vinrent inquiéter la gauche de notre convoi et firent quelques prisonniers. De là, on devait se diriger sur Neuville-la-Lais; déjà les deux premiers bataillons avaient pris cette direction. Le troisième restait en arrière-garde pour les protéger, avec le général Stefani, que l'on trouvait toujours le premier au feu et le dernier à la retraite. Le général fit appeler un habitant du pays pour le guider au milieu de ces chemins que la neige avait rendus presque impraticables; l'ignorance de ce guide faillit lui devenir fatale, ainsi qu'au 3e bataillon; au lieu de les diriger sur Neuville-la-Lais, cet homme les ramena vers Conlie, c'est-à-dire en pleines lignes prussiennes. Le camp formé à si grands frais par M. de Kératry avait produit les résultats que l'on pouvait en attendre, et nous apportons à l'appui de notre opinion la relation de l'abandon du camp de Conlie, puisée à bonne source :

« Depuis le 12, au matin, des incidents regrettables s'étaient produits dans quelques corps. Après leur panique de la Tuilerie, les mobilisés de la Bretagne, qui avaient les premiers repassé l'Huisne et la Sarthe, s'étaient retirés, sans s'arrêter, jusqu'à Évron. Leur passage à Conlie avait amené du désordre dans le camp ; les mobilisés qui s'y trouvaient avaient hâte de le quitter, croyant à un danger imminent. Le 13, malgré les ordres formels du général en chef, qui avait prescrit de ne quitter la redoute qu'après avoir évacué les approvisionnements qu'elle contenait, les vivres furent pillés, un grand nombre d'armes et de munitions furent détruites ou abandonnées. »

(*Histoire de la 2e armée,* p. 350.)

Les Prussiens s'étaient emparés, sans coup férir, du camp de Conlie, où, comme il est dit plus haut, ils trouvèrent une quantité considérable d'armes, de munitions et d'approvisionnements, et, après avoir pillé, ils anéantirent par le feu ce qu'ils ne pouvaient emporter. C'est par millions qu'il faut évaluer les pertes causées par cette prise du camp de Conlie ; en ajoutant cette somme aux millions qu'il avait coûté pour son établissement, on arrivera à une addition fabuleuse, balancée par le résultat que l'on connaît. Au passif de qui doivent être mis ces millions ainsi gaspillés ? La question est pendante ; depuis plusieurs mois, on attend une brochure de M. de Kératry, pleine de révélations piquantes sur ce fameux camp, dit d'instruction. S'il nous était permis de donner un conseil à l'ex-commandant de l'armée de Bretagne, nous lui dirions que l'armée et la France n'ont rien à gagner à ces révélations et à ces polémiques où l'on se rejette mutuellement la responsabilité de nos désastres, à la plus grande joie de nos ci-devant ennemis, toujours prêts à entretenir nos divisions. Que la scène des Prussiens, lors de l'incendie de la capitale, buvant, sur les hauteurs de Montmorency, à la ruine et à l'anéantissement de la France, soit toujours présente à nos esprits.

Le lendemain, le 3e bataillon et le général Stefani rejoignaient, à Neuville-la-Lais, la division qui, le même jour, allait coucher à Sillé-le-Guillaume. Là, au moment où de nouveaux efforts allaient nous être demandés, alors qu'un dernier et glorieux combat se préparait, le général de division reçut communication de l'ordre du général en chef exprimant toute sa satisfaction au 21e corps ; cet ordre, que nous avons reproduit précédemment, était suivi des quelques mots suivants du général Jaurès :

« Le général commandant en chef le 21e corps et les forces de Bretagne est heureux de porter à la connaissance des troupes placées sous son commandement les éloges si flatteurs que le général Chanzy a daigné leur adresser. Cette récompense de nos efforts sera pour tous un précieux encouragement à continuer à bien faire, et j'espère que le 21e corps, qui n'a jamais été entamé, continuera à montrer de l'ordre dans les marches, et de la fermeté devant l'ennemi.

« Le présent ordre sera lu aux compagnies à trois appels consécutifs.

« Au quartier général, à Sillé-le-Guillaume, le 13 janvier 1871. »

En même temps, le général de Villeneuve disait par la voie de l'ordre :

« Le général commandant la division saisit avec empressement cette circonstance pour témoigner aux troupes sous ses ordres sa satisfaction pour leur bonne tenue et leur solidité devant l'ennemi, qui a permis de tenir toutes les positions, sans céder un pouce de terrain, jusqu'au moment où l'ordre de les quitter a été donné.

« Si le résultat de cette journée a été fatal à nos armes, la 3e division a la conscience d'avoir rempli son devoir.

« Le général est d'autant plus heureux de pouvoir donner ce témoignage à la division, qu'elle lui donne une plus grande confiance qu'à la première rencontre avec l'ennemi elle fera mieux encore.

« *Le général commandant la 3e division,*

« DE VILLENEUVE. »

Le jour était près où le brave général de Villeneuve ne devait pas être trompé dans ses prévisions.

Enfin, le lieutenant-colonel de Labarthe ne voulut pas laisser passer ce jour, où nous recueillions tant d'éloges, sans remercier ses mobiles du bon esprit, du courage et de la discipline qu'ils avaient montrés, et, en prévision de l'avenir, il leur dit :

« Soldats,

« J'ai reçu des compliments pour la manière dont vous vous êtes conduits au feu, et la vigueur dont vous avez fait preuve dans les marches qui ont suivi la prise du Mans. Depuis six jours sans vivres, vous avez supporté des fatigues inouïes, mais vous avez montré à la France que vous étiez de braves et loyaux serviteurs. La 3e division est connue de toute l'armée pour sa fidélité et sa bravoure. Réunissez-vous autour de vos officiers, soyez confiants ; nous ferons pour vous tout ce qu'il sera possible de faire. Les généraux qui vous commandent comptent sur vous.

« Vous avez sauvé l'armée à Touvois, c'est vous qui permettiez à toutes les troupes de se retirer en bon ordre. J'ai l'honneur de commander le brave 15e ; j'ai donné ma parole d'honneur que le 15e se tiendrait toujours ferme dans toutes les occasions où on lui confierait un poste d'honneur : c'est donc à vous que je remets la sauvegarde de ma parole.

« *Le lieutenant-colonel*,

« *Signé:* DE LABARTHE. »

Le lendemain, 15 janvier, au moment où le régiment allait enfin pouvoir toucher quelques vivres, vers 10 heures du matin, les éclaireurs annoncèrent la présence de l'ennemi, qui se dirigeait directement sur Sillé. La 3e division, placée en avant de la ville, allait avoir à supporter le choc; le général de Villeneuve prit habilement les dispositions suivantes, relatées dans l'*Histoire de la 2e armée de la Loire:*

« Le général de Villeneuve, qui commandait cette 3e division, l'avait disposée de la façon suivante : le 78e mobiles à l'embranchement de la route de Crissé et de celle de Conlie; au centre, la 1re brigade (15e mobiles) se reliant ainsi avec la 1re division; enfin, la 2e brigade surveillant le chemin de traverse de Conlie et la voie ferrée. Les marins déployés en tirailleurs dans les chemins creux qui bordent la route formaient une première ligne; les autres bataillons, groupés et abrités derrière des plis de terrain, formaient la deuxième ligne; l'artillerie en colonne sur la route, sur la pente du côté de Sillé et hors de la portée des projectiles, détachant une section de mitrailleuses à 200 mètres en avant de la coupure de la crête, une section de 4 tirant par dessus ces mitrailleuses, et enfin, sur la crête même, une section de 8 dominant le champ de bataille et ayant des vues sur le développement de la route et sur le terrain que l'ennemi allait parcourir en débouchant du camp de Conlie; enfin, plus en arrière, et à la gare même de Sillé, deux pièces de 4 enfilant la voie ferrée. »

Aussitôt que l'ennemi avait été signalé, les trois bataillons du régiment, promptement avertis par le lieutenant Paulmier, officier d'ordonnance du lieutenant-colonel, allaient, d'après les instructions du général et sous les yeux de M. de Labarthe, prendre les positions qui étaient assignées aux trois bataillons, guidés dans ce mouvement par leurs adjudants-majors respectifs, MM. de Cornulier, Sauvalle et Lebret. Cette fois encore, nos soldats marchaient au combat complètement à jeun, néanmoins pleins de courage et de bonne volonté, fiers des éloges qu'ils avaient reçus et prêts à justifier l'excellente réputation qu'ils avaient méritée dans la 3e division.

Le régiment occupait de magnifiques positions naturellement fortifiées, et, retranchés derrière des haies et des levées de terre, nos mobiles attendaient l'ennemi avec impatience. L'artillerie ne nous laissa qu'une part bien minime dans le succès ; à elle reviennent, en grande partie, les honneurs de la journée. Au milieu d'un brouillard épais, l'ennemi s'avançait sur la route, plein de confiance, en colonnes serrées ; à 1,500 mètres, nos mitrailleuses ouvrirent le feu : l'effet en fut terrible ; en un instant, ces masses noires débarrassèrent la route pour se jeter dans les fossés, où elles furent reçues par les feux d'enfilade des pièces de 4 habilement disposées. L'ennemi, après avoir reculé de quelques centaines de mètres, profitant d'un bois qui se trouvait à droite, essaya en vain d'établir ses batteries, les pièces de 8 à longue portée viennent le troubler dans cette opération. En même temps, son infanterie essaye à plusieurs reprises de forcer notre droite; elle est reçue vigoureusement. La division Rousseau, au pas de charge, le rejette vivement en arrière, le poursuit jusqu'au-delà de Crissé et fait des prisonniers.

Nos interminables convois, dont la marche était lente et pénible par la neige et le verglas, profitaient de ce succès pour se diriger sur la route de Mayenne et étaient désormais hors d'atteinte. Malheureusement la position du 17e corps ne permit pas de tirer parti de l'avantage que nous venions de remporter, et, sa retraite laissant notre droite à découvert, le général Jaurès, quoi qu'il en coûtât, dit encore l'*Histoire de la 2e armée*, au 21e corps encouragé par ses succès de la journée, dut à la nuit se mettre en retraite ; cet ordre fut exécuté avec la plus grande précision et avec tant de régularité, que l'ennemi, loin de nous poursuivre, se retira sur Conlie.

Quelques-uns de nos hommes, restés au Mans, nous ont raconté, après avoir cru à l'anéantissement complet de l'armée de la Loire, avec quelle stupeur et quel abattement les Prussiens étaient rentrés au Mans après ce combat de Sillé, et l'engagement non moins heureux de St-Jean-sur-Erve.

Leurs pertes avaient été énormes comparativement aux nôtres. Parmi les prisonniers, on comptait un major hanovrien.

En résumé, à la fin de cette guerre funeste, nous avions la satisfaction d'avoir vu l'ennemi se replier en toute hâte devant nous.

Notre retraite ne devait dès lors plus souffrir d'obstacles et s'effectua paisiblement.

Par cette brillante affaire, le 15e mobiles termina sa carrière militante; mis à l'ordre du jour de la division, il put prendre une large part aux éloges adressées par le général en chef, et que nous reproduisons.

ORDRE DE LA DIVISION.

« Le général commandant la 3e division est « heureux de porter à la connaissance de ses « troupes un paragraphe des instructions du « général en chef de la 2e armée, à la date du « 29 janvier, qui non-seulement se plaît à re- « connaître les éminents services rendus à Sa- « vigné-l'Évêque et à Sillé-le-Guillaume par cette « division et l'en félicite hautement, mais fait

« connaître encore que l'ennemi lui-même a
« constaté cette résistance vigoureuse.

« Le succès de la division de Villeneuve, appuyée « de la division Rousseau (21e corps), en avant « de Sillé, dans la journée du 15, est constaté « par le témoignage des Prussiens eux-mêmes. « Il ressort de ces renseignements que, chaque « fois que nous résistons, nous avons l'avantage « et nous infligeons des pertes sérieuses à « l'ennemi.

« Il faut que nous puisions dans ce succès, « avoué par les Allemands eux-mêmes, la con- « viction que nous pouvons toujours conserver « nos positions quand nous voulons les dé- « fendre.

« *Signé :* CHANZY. »

« Le géneral commandant la 3e division n'a « rien à ajouter aux éloges du général en chef, « sinon qu'il est fier des compliments adressés à « sa division et qu'il la remercie de sa conduite « énergique.

« *Signé :* DE VILLENEUVE. »

Nous touchions au terme de notre mission ; après six jours de marche pénible, le 21e corps arrivait à Mayenne. Pendant le cours de ce récit, nous avons dû souvent passer sous silence l'exposition de nos souffrances physiques. Pourquoi rappeler à chaque instant le souvenir de ces longues journées passées à piétiner dans la neige, endurant un froid de 12 degrés et quelquefois la faim ? Pourtant, au milieu du concert de malédictions que cette campagne à soulevé contre l'intendance, en rejetant sur ce corps une partie des souffrances éprouvées, nous n'aurons que des éloges et remercîments sincères à adresser à l'intendant de notre division, M. Baratier. Grâce à son initiative, à son zèle, à son activité incessante, les distributions ont eu presque toujours lieu avec régularité ; si quelquefois nous avons manqué de vivres, cela a tenu à des circonstances exceptionnelles et de force majeure. Pour nous, que notre position a mis fréquemment en rapport avec cet officier de l'intendance, nous n'avons jamais eu qu'à nous louer de son aménité et de son affabilité, en même temps que de l'empressement qu'il a toujours mis à nous faciliter la mission délicate qui nous incombait dans l'administration du régiment ; et nous sommes assurés que les cris de malédiction qui se sont élevés contre l'intendance ne sauraient l'atteindre ou l'émouvoir. Homme du devoir par excellence, nous en sommes les témoins, M. Baratier l'a accompli avec autant de dévouement que de bonheur. Interprète, ici, de tous, qu'il reçoive, ici, l'assurance de nos vives sympathies, qui l'accompagneront dans la carrière qu'il est appelé à parcourir brillamment.

En exprimant notre gratitude au corps de l'intendance, représenté si dignement à la 3e division, nous ne devons pas oublier un autre service, non moins important et non moins vivement attaqué que l'intendance, pour son insuffisance pendant la dernière campagne : nous voulons parler du service de santé.

Nous n'avons pas à entrer ici dans des considérations motivées sur les vices inhérents à son organisation. La garde mobile étant restée à l'état d'embryon dans la prévision que son entrée en campagne n'aurait jamais lieu, à plus forte raison il n'avait jamais été question de lui constituer un service médical. On improvisa des médecins comme on avait improvisé des officiers. Les uns et les autres ont fait bravement leur devoir. Nos trois aides-majors, MM. Legougeux, Taillefer et Nicolle, ne pouvaient suffire aux exigences de la situation, et encore étaient-ils dépourvus de tout le matériel nécessaire à l'établissement d'une ambulance; à peine avaient-ils les trousses et appareils nécessaires aux premiers pansements. C'est pour remédier à cet état de choses que se formèrent, sous le patronage de la Société internationale, les ambulances volantes. Un comité central de secours aux blessés se constitua à Caen sous la présidence de M. Roulland, ayant pour vice-présidents M. Pierre, doyen de la Faculté des sciences, et M. Melon, pasteur protestant. Toutes les religions s'unissaient dans une même pensée : patrie et charité.

La générosité des habitants du Calvados se montra, comme toujours, inépuisable ; ceux qui ne purent combattre ou faire partie des ambulances contribuèrent par leurs dons à la défense du pays. Les femmes, ces véritables héroïnes de notre dernière guerre et qui essayent aujourd'hui de racheter le territoire que nous n'avons pu sauver, se mirent en tête de cette œuvre, et, grâce à leur influence, à leurs appels chaleureux, des fonds et des dons de toute nature furent bientôt réunis. Dès le mois d'octobre, nous voyions arriver à Dreux l'ambulance n° 2 (Lisieux), dirigée par le docteur Labordette et Mme la comtesse de Montgommery. A Nonancourt, nous rejoignait bientôt l'ambulance n° 1, ayant pour directeur le docteur Pelvet. Enfin, quelques jours après, arrivait également l'ambulance n° 3 (Pont-l'Évêque), dirigée par M. Féret.

Loin de nous faire ici les porte-voix des critiques plus ou moins fondées qui ont fait appeler les ambulances volantes les francs-tireurs de la médecine, ne retenons ici que les bonnes impressions que nous ont laissées nos ambulanciers, qui ont renoncé spontanément et volontairement à leur bien-être, ont sacrifié leur position et quitté leurs foyers et leurs familles pour courir les champs de bataille, soulager, disons-le, bien des souffrances, montrer à nos malades, à nos blessés un visage ami, et apporter à leur chevet comme un écho lointain de cette Normandie que tant, hélas ! ne devaient pas revoir.

Cependant, avec une ténacité indomptable et une confiance inébranlable, le général en chef s'efforçait de réorganiser son armée derrière la

Mayenne. La lutte allait probablement entrer dans une période suprême et terrible. La défense de la Bretagne s'organisait et avait été confiée à des chefs aimés et connus: MM. de Charette et Cathelineau ; le ministre de la guerre et de l'intérieur avaient eux-mêmes, dans une réunion des chefs supérieurs de la 2ᵉ armée, affirmé que tout esprit de parti devait s'effacer en présence de cette grande œuvre de la défense nationale, et que généraux, officiers et soldats, combattaient, non pour un parti, mais pour le salut du pays.

La 3ᵉ division était cantonnée de Mayenne à Ambrières ; quant au 15ᵉ mobiles, il occupait les fermes aux environs de Contest.

Que dire de cet affreux séjour de Contest, véritable mer de limon ? Cantonnés dans des chaumières infectes et exiguës, nos soldats tournaient mélancoliquement leurs regards vers la Normandie, et, condamnés à l'inaction, songeaient à leur belle province aux trois quarts envahie ; la nostalgie et le séjour de Contest, véritable foyer d'infection, développaient les maladies dans des proportions alarmantes ; les jours s'écoulaient tristement, employés soit à rééquiper nos compagnies, soit à des exercices militaires, lorsque le temps le permettait. Sur ces entrefaites, l'abbé Granger nous revint. Il nous apprit, entre autres choses, une particularité remarquable, qu'à St-Corneille nous avions eu à combattre le 76ᵉ régiment prussien ; c'était pour la troisième fois que nous nous trouvions en face de ce régiment. Le commandant de ce régiment, dont nous avons précédemment parlé à propos de l'infortuné capitaine Le Pippre, le conduisit à l'état-major. « Je reconnus, ajoutait le bon père, plusieurs officiers pour les avoir vus à Dreux ; ils me reconnurent également. J'aurais pu passer à travers leurs avant-postes, mais je ne pouvais laisser mon pauvre blessé. Je fus voir les ambulances du village, —horrible ! Je ne voulus pas y mettre le capitaine. Pas de vin, pas de viande, pas de médecin, pas de voiture, que faire ? Dans cette course au village, j'avais trouvé les cadavres de trois de nos soldats tués, entre autres, le malheureux sergent Lefrançois : les Prussiens les détroussaient. Je m'approchai et je recueillis les lettres appartenant à ces infortunés ; on me le permit, quand j'eus dit que c'était pour consoler leurs mères. »

« Un officier supérieur me regardait de travers, continua le bon père. « J'étais à Dreux, lui dis-je. » — « Fort bien, me répondit-il ; là, vous fîtes votre devoir », et il me laissa tranquille. Sur mon parcours, n'ayant rien trouvé de confortable pour mon blessé, j'aperçus une petite voiture à bras et j'y plaçai le capitaine. Un enfant de quinze à seize ans se met dans les limons, je pousse par derrière, et nous arrivons ainsi, en côtoyant une colonne prussienne, jusque chez le curé de Savigné, où, malgré les soins les plus empressés, le brave capitaine a succombé dix jours après. »

Le 29 janvier, nous étions encore à Contest; c'est là que nous apprîmes la triste nouvelle de la capitulation de Paris, et la conclusion d'un armistice. Cette douloureuse nouvelle, malheureusement trop prévue, vint paralyser tout sentiment de résistance, et le mot *armistice*, peu compris de nos jeunes soldats, impliquait pour eux l'idée de la cessation des hostilités, de la paix, du retour dans leurs foyers. Malgré cette perspective attrayante, ils étaient prêts néanmoins à suivre encore leurs officiers, si le pays faisait de nouveau appel à leur dévouement.

Attendant anxieux les événements politiques, notre existence monotone à Contest fut à peine troublée par quelques incidents dignes d'être mentionnés. Le 5, le général de Villeneuve passa en revue sa division; le 15e mobiles, presque rééquipé, avait repris sa bonne allure d'autrefois; en même temps, M. l'intendant Baratier passait une revue d'effectif.

Le lendemain, on lisait aux troupes l'ordre du jour suivant :

« Le général commandant la 3e division est « heureux de pouvoir témoigner aux troupes « sous ses ordres toute sa satisfaction pour la « revue d'hier, 5 courant.

« La tenue des troupes était des meilleures; le « général remercie les officiers de tout grade du « zèle et de la sollicitude qu'ils déploient. Quoi « qu'il arrive, il est sûr que la 3e division tiendra

« à légitimer l'excellente réputation qu'elle s'est
« acquise dans la 2e armée de la Loire.

« *Le général commandant la 3e division,*

« Signé : DE VILLENEUVE. »

Le 8, dans un calme parfait, eurent lieu les élections pour les nominations de députés à l'Assemblée nationale.

Le 12 février, le 21e corps quittait ses positions derrière la Mayenne pour se porter au sud de la Loire. Cette détermination avait été prise avec la sanction des membres du Gouvernement réunis à Bordeaux, en vue d'une reprise des hostilités, d'après les avis et le plan du général en chef de la 2e armée de la Loire.

En passant par Laval, un de nos meilleurs officiers fut bien tristement victime de l'indiscipline à laquelle quelques troupes, d'ailleurs vaillantes, s'étaient peu à peu laissé entraîner. Le capitaine Guillouard, de la 1re compagnie du 1er bataillon, logeait avec ses hommes dans une maison d'un faubourg de Laval, quand une douzaine de marins arrivant au milieu de la nuit, tentèrent d'y entrer de force. L'énergique officier descendit à peine vêtu pour renvoyer ces traînards à moitié gris. Les misérables l'accueillirent de trois coups de revolver qui, bien que tirés à bout portant ne l'atteignirent pas plus qu'ils ne l'intimidèrent ; mais les bandits se précipitèrent sur lui à coups de baïonnette, le terrassèrent et allaient achever de l'assassiner, quand les mobiles, accourant en chemise, mais avec leurs armes, les mirent en fuite après en avoir arrêté quatre. Quand les soldats relevèrent leur malheureux capitaine, ils le trouvèrent presque mourant. Il avait deux côtes cassées et trois profondes blessures à la tête, sans compter de nombreuses plaies moins importantes. Sa vie fut sérieusement en danger pendant quelque temps, et il ne fut sauvé que grâce aux soins de l'exquise hospitalité que le R. P. Granger lui procura dans une des meilleures familles de Laval.

Disons que le commandant du bataillon de marins et ses officiers s'empressèrent d'aller voir le blessé, et lui présentèrent les excuses les plus sympathiques, affirmant d'ailleurs au général Stefani, accouru lui-même tout d'abord au lit sanglant de la victime, que prompte et bonne justice serait faite de ceux qui venaient de déshonorer ainsi les traditions de discipline et de valeur de leur corps.

Triste de laisser derrière lui un de ses officiers qui ne l'avait pas quitté pendant tant d'épreuves, et que son urbanité comme son amour du devoir avait fait aimer de tous, le régiment dut continuer sa route vers le Midi.

On parlait de l'envoyer à Bordeaux, d'autres disaient qu'il y avait chance qu'il fût envoyé en Algérie contre les Arabes soulevés. Le régiment était solidement discipliné et prêt à tout pour le service de la patrie. Le 22 février, le 15e mobiles était cantonné à Verrue, près de Mirebeau.

Pendant ce séjour à Verrue, la cour martiale de la 3e division, réunie une dernière fois, et sous la présidence du commandant Lacroix, avait condamné à mort un mobile de la 4e compagnie du 3e bataillon pour insubordination.

Sur la demande du président et des juges de la cour martiale, le chef du pouvoir exécutif commua cette peine en deux ans de travaux publics; cette bonne nouvelle fut apportée au condamné, dans sa cellule, par Mlle de Montesquiou, fille du préfet actuel de Meurthe et Moselle.

Pendant notre séjour à Verrue, avaient lieu les événements politiques qui fixèrent le sort de la France ; l'Assemblée nationale avait voté les préliminaires de la paix.

Le 5 mars, le 15e mobiles avait quitté Verrue pour se rendre à Chasseneuil, à 7 kilomètres de Poitiers.

Le 7 mars, le Gouvernement décidait le licenciement de la 2e armée de la Loire.

« Dites à votre brave armée, écrivit alors le général Le Flô à notre commandant en chef, officiers de tous grades et soldats, que je les remercie, au nom de notre pays tout entier, de leur courage et de leur patriotisme : si la France avait pu être sauvée, elle l'eût été par eux ; la fortune ne l'a pas voulu. »

En faisant part de ce témoignage venu d'en

haut à ses troupes, le général Chanzy ajoutait:

« Vous pourrez être fiers d'avoir fait partie de la deuxième armée, dont les efforts, s'ils n'ont pas abouti au succès que vous avez poursuivi avec tant d'opiniâtreté, ne resteront pas sans gloire pour le pays dont ils ont contribué à sauver l'honneur.

« Vous avez tenu tête aux armées les plus nombreuses et les mieux commandées de l'Allemagne; l'histoire a raconté ce que vous avez fait; l'ennemi lui-même s'honorera en vous rendant justice.

« Vous allez rejoindre vos foyers, conservez inébranlable votre dévouement au pays; restez, quoi qu'il arrive, les défenseurs de l'ordre. Quant à moi, mon plus grand honneur est de vous avoir commandés; mon plus vif désir est de me retrouver avec vous chaque fois qu'il s'agira de servir la France.

« *Le général en chef,*

« *Signé* : CHANZY. »

En même temps, le ministre de la guerre adressait aux gardes mobiles de Paris et des départements la proclamation suivante :

« Depuis six mois d'une campagne laborieuse « où vos courages ont été à la hauteur de tous « les sacrifices qui vous étaient imposés, vous « allez rentrer dans vos familles justement fières de « vous. Vous y porterez la consolation que donne

« le sentiment d'un devoir noblement accompli.
« La fortune a trahi vos efforts, mais vous avez
« sauvé l'honneur de notre patrie, et un jour
« viendra, pas trop éloigné, je l'espère, où il vous
« sera donné de lui rendre, à force d'énergie
« et de dévouement, toute sa grandeur passée.

« Soyez-en sûrs, rien, ni personne, ne saurait
« arrêter longtemps les destinées providentielles
« de notre nation.

« Courage donc, patience et patriotisme !

« Général Le Flo. »

Enfin, le commandant du 21e corps fit, à son tour, ses adieux aux troupes placées sous ses ordres :

« Officiers, sous-officiers et soldats,

« Un décret du chef du pouvoir exécutif dissout
« la 2e armée. Avant de me séparer des troupes
« du 21e corps, je dois leur exprimer toute ma
« satisfaction pour le dévouement, la discipline
« et la solidité dont elles ont constamment fait
« preuve.

« Organisés en quelques jours, vous avez, dès
« votre sortie du Mans, marché comme de vieilles
« troupes, et, à vos premiers combats de Saint-
« Laurent-des-Bois, de Poilly et de Forges,
« vous vous êtes montrés inébranlables au feu.

« Depuis lors, à Fréteval, à Morée, à Mont-
« fort, à Savigné-l'Évêque, vous avez toujours
« vigoureusement repoussé l'ennemi, et jamais
« le 21e corps n'a quitté ses positions que par
« ordre, et pour suivre un mouvement général.

« A Sillé-le-Guillaume, après une marche de
« cinquante kilomètres dans la neige, vous vous
« retourniez pour faire face à l'ennemi et vous
« le rejetiez jusqu'au-delà de Crissé, en lui in-
« fligeant des pertes considérables. Partout vous
« vous êtes bien conduits.

« Si vos efforts n'ont malheureusement pas suffi
« pour assurer le salut de notre chère patrie,
« ce ne sera pas sans fierté que chacun de vous
« pourra dire : J'étais du 21e corps, et j'ai fait
« mon devoir.

« Un jour, s'il plaît à Dieu, la France, aujour-
« d'hui épuisée, recouvrera ses forces et sa
« puissance, et il vous sera donné de venger le
« passé.

« Puissé-je alors me retrouver au milieu de
« vous.

« Vive la France !

« *Le commandant en chef du 21e corps,*

« Signé : JAURÈS. »

Tous les éloges qui nous étaient prodigués ne purent atténuer l'effet de cette mesure, qui nous prescrivit de ramener nos soldats sans armes dans leurs foyers.

Le 17, le régiment était désarmé à Poitiers : nous avions pourtant le droit de garder ces armes dont nous nous étions loyalement et bravement servis; notre patriotisme supporta avec résignation ce dernier sacrifice ; mais, à peine à deux ou trois étapes de Poitiers, attirés par le sol natal, et, du reste, la signature des préliminaires de la paix ayant anéanti toute idée de résistance, et n'ayant dès lors qu'à regagner le plus promptement possible leurs foyers, nos mobiles prirent à leurs frais les voies rapides. Un seul bataillon (le 3ᵉ), considérablement diminué, arriva jusqu'à Alençon. Les officiers ne s'opposèrent que faiblement à cet état de choses, et ils eurent raison. Ils se bornèrent à éviter que les villes fussent encombrées de traînards : peine inutile ! il ne s'en trouva pas un. Notre lieutenant-colonel, rappelé à l'improviste au milieu de sa famille, en Bretagne, avait en partant chargé le capitaine d'Argenton de porter ses adieux au régiment : « Faites savoir à mes braves Normands, lui avait-il dit en l'embrassant, que je n'oublierai jamais l'honneur qui m'a été fait de les commander. Je les remercie du courage, du dévouement et de l'obéissance qu'ils ont montrés. Appelé à vivre au milieu d'eux, je serai toujours heureux de revoir mes braves du 15ᵉ mobiles et, si un jour le salut du pays l'exige, je serai fier de les conduire de nouveau au feu, en leur criant encore, comme à Touvois : En avant la Normandie ! »

Nous avions la délicate mission d'écrire cette histoire. Notre tâche touche à sa fin ; nous réclamons l'indulgence pour la forme, en rappelant à nos lecteurs que ce n'est qu'un récit de soldat; nous avons seulement cherché à être vrais, point essentiel. Le 15ᵉ mobiles n'est plus. Il avait pris naissance dans cet élan sublime où la France, sans alliés, sans chefs, sans armée, privée de sa capitale, se levant tout entière, essaya de lutter contre ce formidable ennemi que les armées régulières de l'Empire, composées cependant des vétérans d'Afrique, de Crimée et d'Italie, n'avaient pu arrêter cinq semaines. Soldats d'un jour, l'Europe nous contempla avec admiration cinq mois sur la brèche, luttant incessamment, alors qu'après des désastres sans précédents, elle nous croyait à bout de ressources. Tous nos efforts ont été inutiles ; mais pour consolation suprême nous avons pu dire, à notre tour, après cette lutte désespérée *pro aris et focis :* Tout est perdu fors l'honneur ! Oui, nous avons appris à l'Europe étonnée, à nos ennemis même, que les Français n'avaient pas dégénéré. La fortune nous a trahis, mais attendons l'avenir. Si nos efforts n'ont pas été couronnés de succès, cette dure campagne aura du moins été pour nous une école où nous avons appris à aimer et à pratiquer les vertus militaires sur lesquelles repose la grandeur de cette France pour qui nous sommes prêts encore à faire tous les sacrifices.

Envisageons donc résolûment les devoirs qui nous incombent en face de notre patrie vaincue et mutilée, et tous, unis par une pensée commune, travaillons à rendre à la France son rang à la tête des grandes nations de l'Europe. *Fac et spera*, dit une devise latine: travaille et espère; que cette devise soit la nôtre désormais. Ordre, travail, concorde et liberté, tout est là !

Et à vous, généreux habitants du Calvados, dont les regards anxieux nous ont suivis au milieu de nos luttes et de nos fatigues, à vous dont les dons et la générosité inépuisables nous ont aidés à les supporter, nous dirons : il était de notre devoir de vous apprendre ce que nous avons fait et comment nous avons répondu à votre attente; vous le savez aujourd'hui, et des voix plus autorisées que les nôtres vous ont appris que nous pouvions rentrer parmi vous avec la conscience du devoir accompli et reprendre au foyer domestique la place un instant abandonnée.

Au mois de septembre dernier, sur la demande du ministre de la guerre, le lieutenant-colonel de Labarthe lui adressait l'historique du régiment, et finissait par ces quelques lignes, que nous reproduisons, et qui serviront d'épilogue à notre histoire :

« Heureux et fier d'avoir été mis à la tête de tant de nobles cœurs, le lieutenant-colonel commandant le 15e mobiles, après avoir écrit l'histoire du régiment, peut dire en toute assurance, à ses compagnons d'armes: officiers, sous-officiers et soldats, nous avons tous le droit d'être fiers les uns des autres, et, rentrés dans nos foyers, au sein de cette vieille Normandie qui nous est si chère, nous pouvons marcher la tête haute, avec la conviction d'avoir fait notre devoir et bien mérité du pays, en attendant le jour où, de nouveau réunis, nous effacerons de notre sol les souillures des hordes allemandes. »

FIN.

MOBILES DU CALVADOS.

Le Commandant LA CROIX.
Chef du 3e Bataillon.

Le Capitaine LE PIPPRE
Mort au Champ d'honneur, le 22 Janvier 1871.

Le Vicomte de LABARTHE, Lieut Colonel.
Cdt du 15e Rég. [illegible] Mobiles

Le Comm.t de CANIVET de LA ROUGEFOSSE.
Chef du 1er Bataillon.

Le Commandant HOMMEY,
Chef du 2e Bataillon.

DE LA LOIRE.

ORPS.

IVISION.

RIGADE.

COMPOSITION DES CADRES

DU

15e RÉGIMENT PROVISOIRE D'INFANTERIE

AU 1er MARS 1871.

M. DE THOMAS DE LABARTHE (MARIE-RAPHAEL-HENRI ✻ C ✻), lieutenant-colonel commandant le régiment.

—

MM. CALVET (AUGUSTE-FRANÇOIS-ERNEST ✻), capitaine faisant fonctions de major.

FAGANDET (ALFRED-THÉODORE), lieutenant officier-payeur.

PAIN (ALBÉRIC), lieutenant délégué pour le service de l'habillement.

—

MM. LEGOUGEUX (ARSÈNE-ALBERT), MAHIEU (EUGÈNE), NICOLLE (JULES), TAILLEFER, } médecins aides majors de 2e classe.

—

MM. GRANGER, MARTIN, } aumôniers.

1er BAT

M. DE CORNULIER, JEAN, capitaine adjt-major. M. DE CANIVET DE LA ROUGEF(

DÉSIGNATION des GRADES.	1re COMPAGNIE. NOMS ET PRÉNOMS.	2e COMPAGNIE. NOMS ET PRÉNOMS.	3e COMPAGNIE. NOMS ET PRÉNOMS
	MM.	MM.	MM.
Capitaine.	GUILLOUARD, Louis.	. . . .	LONDE, Charles ✻.
Lieutenant.	GODARD, Charles ✪.	VIEL, Edmond-Joseph.	DE PERTHOU, Léon.
Sous-lieutenant.	MARTIN, Paul.	HÉBERT, Charles-Joseph.	TOSTAIN, Louis-Frédé
Sergent-major.	GODEFROY, Auguste-Michel.	JEANNE, Félix-Désiré-Victor.	DEVAUX, Jules-Augus
Sergent.	ASSELOT, Théodore-François.	DUPONT, Édouard-Auguste.	BELHACHE, Alexis.
Id.	D'AUXAIS, Roger.	CHALLE, Edmond.	LE BOUVIER, Xavier
Id.	JUHEL, Alexandre.	PILET DES JARDINS, Raoul.	JOUANNE, Émile.
Id.	GONET, Louis-Auguste.	GUIGNARD, François.	DEBAUTE, Jules-Antoi
Sergent-fourrier.	ÉLIE, Adrien-Gustave.	HERMEREL, Alexandre.	DEDOUVRE, Désiré-Ern
Caporal.	MÉNARD, Charles.	GÉRARD, Paul.	POINCHEVAL, Jules.
Id.	MARIE, Michel.	GUILLEMETTE, Louis.	DAMAMME, Achille.
Id.	MARIE, Aimé, dit LABBÉ.	GUIGOZ, Lucien.	MÉNARD, Alfred.
Id.	THÉRÈSE, Pierre.	MASSELIN, Gustave.	DELAUNE, Louis.
Id.	VAUTIER, Auguste.	LAMY, Camille.	GATTELOIS, Richard.
Id.	GASSION, Charles.	DAVID, Jules.	SICARD, Alexandre.
Id.	LE BRETON, François.	MALLARD, Félix.	DAMAMME, Aristide.
Id.	THIMOTHÉE, Léon.	LIEURREY, Thomas.	DUVAL, Eugène.
		A la suite :	*A la suite :*
		CLÉMENT, Jules, capitaine.	DE KERGORLAY, Pierr lieutenant.
		DE KERGORLAY, Raymond ✻, lieutenant.	

…LON.

…ONSE ✻, chef de bataillon. M. VIEL, Amand-François, adjudant-sous-officier.

… Compagnie. Noms et prénoms.	5e Compagnie. Noms et prénoms.	6e Compagnie. Noms et prénoms.	7e Compagnie	8e Compagnie. Noms et prénoms.
MM.	MM.	MM.		MM.
…t-Sauveur, Raoul.	Costrel, Alfred.	Stelzlé, Georges ✿.		Le Hardy, Gaston ✻✿.
Foy, Fernand.	Lefèvre, Émile.	de Cornulier, Henri.		Jouen, Lucien.
. . . .	Savary, Léon-Michel.	Lefèvre, Alex.-Toussaint		Gondouin, Charles.
…elley, Alphonse.	Cauvin, Amédée.	Pavie, François-Alfred.		Bouet, Georges.
…rognet, Charles ✿.	Renouf, Hippolyte.	Filmont, Georges.		Olive, Paul.
…fournier, Émile.	Pelcoq, Jules.	Bazin, Pierre-Zéphirin.		Guernier, Henri.
…aussaud, Jules.	Mauger, Henri.	Tanquerel, Eugène.		Lemaigre de Mesnil, Jul.
…utrais, Constant.	Michel, Charles.	Poulard, Henri-Désiré.		Marie, Raymond.
…efèvre, Désiré.	Marie, Louis-Frédéric.	Triquet, Pierre-Félix.	Dépot.	Fortin, Maurice.
…isson, Étienne.	Zilof, Joseph.	Mothelay, Émile.		Lefranc, Émile.
…ichel, Charles.	Guérin, Albert.	Sorel, Auguste.		Hilarion, Jules.
Baton, Pierre.	Pelcoq, Alexandre.	Moisson, Victor.		Morin, Louis.
James, Émile.	Delavallée, Constant.	Aubrée, Aimé.		Gambier, Jules.
…emoine, Osmire.	Lemière, Émile.	Lemonnier, Émile.		Morice, Camille.
Seigle, Amand.	Hollard, Émile.	Mauger, Achille.		Hartel, Michel.
…rançoise, Léon.	Beaussieu, Albert.	Bazin, Arthur.		Laplanche, Victor.
Gilette, Louis.	Godefroy, Désiré.	Mouet, Émile.		Menier, Pierre.
		A la suite :		*A la suite :*
		Le Cordier de La Londe, capitaine.		Gauquelin-Despallières lieutenant.
		d'Osseville, Marie, sous-lieutenant.		Crepin, Ernest, s.-lieut.
				Cressart, caporal.

2e. BAT.

M. SAUVALLE, ALPHONSE, capitaine adjudant-major. M. HOMMEY

DÉSIGNATION des GRADES.	1re COMPAGNIE. NOMS ET PRÉNOMS.	2e COMPAGNIE. NOMS ET PRÉNOMS.	3e COMPAGNIE. NOMS ET PRÉNOMS.
	MM.	MM.	MM.
Capitaine.	MAGRON, Henri.	. . . .	D'AGIER, Adrien.
Lieutenant.	. . . .	LOUIZE, Adolphe.	HEUZARD, Émile.
Sous-lieutenant.	ASSELBOURG, Victor.	BOULAY, Émile.	MARTIN, Charles.
Sergent-major.	BEAUMAIS, Arthur.	MORIN, Paul.	CHARDIN, Alexis.
Sergent.	LEDUC, Arthur.	BELLON, Jacques.	BONTIER, Michel.
Id.	POUPINET, Georges.	BERTHÉ, Henri.	LERAMEY, Auguste.
Id.	SOYER, Adrien.	BOIGNET, Charles.	PAUL, Eugène.
Id.	LAUNAY, Auguste.	MARIE, Lucien.	RENÉ, Constant.
Sergent-fourrier.	LESUEUR, Arsène.	DEBONS, Adrien.	AUBRY, Paul.
Caporal.	VENTE, Arthur.	SOURIMAN, Jean.	PANEL, Léon.
Id.	LABBÉ, Philippe.	THIRAULT, Jean-Baptiste.	BOSCHER, Louis.
Id.	CANIVET, Joseph.	VITARD, Victor.	LAISNÉ, Paul.
Id.	FRILLEY, Prosper.	DUVELLEROY, Henri.	DELAUNAY, Aimé.
Id.	LEMARCHAND, Eugène.	BARRIÈRE, Auguste.	MAILLY, Charles.
Id.	DUCLOS, Auguste.	VAUQUELIN, Georges.	LEGUAY, Henri.
Id.	JAME, Alfred.	MARIE, Théophile.	ANGER, Charles.
Id.	. . . .	. . . .	. . . .
	A la suite :		
	VIARDOT, Jules-Prosper, s.-l.		
	FLEURY, Georges, sergent, détaché au dépôt des isolés du 21e corps.		

LLON.

[de bataillon. M. LÉLUYAUX, Louis, adjudant sous-officier.

4e COMPAGNIE. OMS ET PRÉNOMS.	5e COMPAGNIE. NOMS ET PRÉNOMS.	6e COMPAGNIE. NOMS ET PRÉNOMS.	7e COMPAGNIE.	8e COMPAGNIE. NOMS ET PRÉNOMS.
MM.	MM.	MM.		MM.
ARGENTON ⁂, Édrd.	DES ROTOURS, Georges.	LESQUIER, Charles.		ANDRY, Armand.
DE RUGY, Guy.	PAULMIER, Charles.	BARBEY, Noé.		VATTIER, Eugène.
IARESCOT, Auguste.	PATRY, Eugène.	MÉNAGER, Charles.		DE PIQUOT, Amaury.
ADAM, Léopold.	LENVOISÉ, Jules.	LEBEY, Louis,		MONDEHARD, Vital.
TOULLIER, Albert.	LEFÈVRE, Alexandre.	ERNIE, Prudent.		LAMIDEY, Eugène.
LEDRESSEUR, Louis.	MOREL, Émile.	QUETTIER, Eugène.		BERNARD, Jules.
LEFÈVRE, Elvire.	TRIBOUILLARD, Hippolyte	QUERUE, Albert.		GOUGET, Henri.
PAQUETTE, Ernest.	LIREUX, Désiré.	BRESSY, Émile.		SABINE, Anthyme.
LONDE, Georges.	LOZOUET, Eugène, caporal-fourrier.	POISSON, Désiré.	DÉPOT.	COUET, Achille.
DESVAUX, Eugène.	BESNARD, Albert.	LAVINAY, Octave.		PIÉDOU, Alphonse.
PETIT, Ferdinand.	LAMY, Charles.	BEAUDOUIN, Edmond.		GUÉRARD, Louis.
LEMEUR, Yves.	THOMAS, Adolphe.	ENAULT, Arthur.		ROCHER, Désiré.
LITAIZE, Nicolas.	DESLOGES, Gustave.	COURVILLE, Léon.		LOUVARD, Arthur.
. . . .	LETELLIER, Auguste.	DELANGE, Sévère.		ERNIE, Albert.
. . . .	DETHAN, Adolphe.	GRANDERIE, Émile.		LEMIÈRE, Pierre.
. . . .	GIRARD, Adolphe.	CATHERINE, Alfred.		COUTANCE, Louis.
. . . .	LESSAULT, Armand.	. . . .		. . . .
A la suite :		*A la suite :*		*A la suite :*
GERMINY, Marcel, lt.		DUMONT, Charles, capc.		DE CROISILLES, capitaine.
NNE-DESLANDES, lieutt				

3e BAT.

M. LEBRET, Alphonse, lieutenant adjudant-major.

M. LACROIX, Léopo

DÉSIGNATION des GRADES.	1re COMPAGNIE. NOMS ET PRÉNOMS.	2e COMPAGNIE. NOMS ET PRÉNOMS.	3e COMPAGNIE. NOMS ET PRÉNOMS.
	MM.	MM.	MM.
Capitaine.	Anthoine, Édouard-Camille-Ange.	Guillard, André-Claude.	Delanney, Jules-Victor ✻ ⊙
Lieutenant.	Marion, Ernest.	Vaschier, André.	Hébert, Louis.
Sous-lieutenant.	David, René-Charles-Const.	Garnier, Urbain-Joseph.	Armansaint, Aug.-Paul ⊙ ⊙
Sergent-major.	Rupalley, Gabriel-Raphaël.	Doublet, Ernest.	de Mesnil-Durand, Paul Édouard-Marie.
Sergent.	Bourlisier, Louis-Léon.	Chouquet, Henri.	Dutheil, Gabriel.
Id.	Sirard, Eugène.	Fontaine, Pierre.	Marionnet, Albert.
Id.	Maillet, Jules-Ferdinand.	Langrand, Auguste.	Leprêtre, Valéry.
Id.	. . . .	Legeay, Pierre.	Deschamps, Martial.
Sergent-fourrier.	Barriller, Charles.	Gosselin, Victor.	Poussard, Armand.
Caporal.	Buchin, Armand-Étienne ⊙.	Morin, Louis.	Bunel, Armand.
Id.	Gosse, Louis-Auguste.	Dutertre, Albert.	Vallée, Auguste.
Id.	James, Eugène-Alfred.	Huchon, Victor.	Thébault, Auguste.
Id.	Hiaumet, Albert-Désiré.	Héroult, Alfred.	Dutheil, Alfred.
Id.	Morin, Cyrille-Isidore.	Marical, Louis.	Clouet, Albert.
Id.	Hervieu, Ernest-Ferdinand.	Allaire, Henri.	Cornu, Désiré.
Id.	Loquet, Louis-Ernest.	Chamfry, Anato[illegible]	Leroy, Henri.
Id.	Lebustier, Louis-Alphonse.	Belet, Louis.	Collas, dit Desrencontres
	A la suite :	*A la suite :*	*A la suite :*
	de Cussy, Camille-Albert, lieutenant.	Mouchel, Alexandre ✻ ⊙, capitaine.	Bigot, Louis-Georges-Raymond, sous-lieutenant.
	Godard, Georges, caporal.	Hubert, Auguste, caporal.	Thouroude, Charles, sergent.
	Jean, Albert, id.		de La Rouvraye, id.
	Courel, Charles, id.		Remir, Gustave, id.
			Bellencontre, caporal.

LLON.

ILLE, chef de bataillon. M. LEGRAND, Jean-Amédée, adjudant-sous-officier.

4e Compagnie. Noms et prénoms.	5e Compagnie. Noms et prénoms.	6e Compagnie. Noms et prénoms.	7e Compagnie	8e Compagnie. Noms et prénoms.
MM.	MM.	MM.		MM.
ɔualle, Edm. ✻✪✪.	Morin, Eugène-Félix.	Jouvet, Pierre-Henri-Victor.		Lecorre, J.-Louis ✻✪✪
. . . .	Lepoissonnier, Paul-Charles-Jules.	Frappier, Raoul-Guill.		Roux, Théodore-Jules-Alexandre.
ermain, Jules-Louis.	de Vigan, Joseph.	Collange, Gust.-Const.		Bréant, Eugène-Gustave
ureul, Pierre-Georges	Verger, Ferdinand-Denis	Lesauvage, Victor.		Bouvet, Émeric-Louis-Alexandre.
Desnoly, Eugène.	Lefaucheux, Adolphe-Amand.	Vautier, Stanislas.		Sagey, Xavier ✪.
artin, Eugène-Alex.	Bosquet, Abel.	Bazin, Jules.		Levillain, Charles.
reton, Eugène-Ferd.	Deshoulles, Louis-Pierre Prudence.	Besnard, Armand.		Delaplace, Ch.-Édouard
Vincent, Eugène.	Lebourgeois, Edmond-Pierre.	Legendre, Amand.		Bliaud, Jean-François.
. . . .	Quesnel, Paul-Alexandre	Mauger, Stanislas.		Bougy, Auguste-Victor-Ernest.
, dit Lavallée, Arsène-Philippe.	Lefebvre, Louis-Adolphe	Henry, Jacques.	DÉPOT.	Dajon, Eugène-Alexand.
idlin, Louis-Victor-Laurent.	Colange, Eugène-Albert	Mioque, Ferdinand.		Dubos, Eugène.
rvais, Ch.-Auguste.	Bazin, Adolphe-Alcide.	Lemarchand, Emmanuel		Lecornu, Albert-Charles
empain, Aug.-Henri.	Frémont, Jean-Louis.	Monsaint, Joseph.		Hue, Albert.
ard, Arsène-Frédéric.	Calles, Jules.	Demartreux, Eugène.		Richer, Octave-Léon.
ossé, Louis-Auguste.	Mallard, Isidore-Alexandre-Albert.	Labbey, Léopold.		Mulot, Armand.
ueur, Georges-Arthur	Boudin, Louis-Émile.	Vallette, Charles.		Pognou, Alphonse.
s, Clément-Constant.	Manchon, Albert-Adrien	. . . .		Bonnois, Henri-Jules.
A la suite :	*A la suite :*			*A la suite :*
ausier, Auguste-Marie Julien, lieutenant.	Labbey, Charles-Robert, sous-lieutenant.			Amiard, Emmanuel-Victor, sous-lieutenant.
unay, Charles-Émile, sergent.	Mannoury, Gust.-Victor, sous-lieutenant.			
bret, Arthur-Émile, sergent.				

DÉPOT DU CORPS

A CAEN.

MM. HEUTE, Casimir-Jean-Baptiste, ✱, capitaine-major.
LEVARD, Georges, lieutenant-trésorier.
DUBOIS-TESSELIN du BEL, lieutenant d'habillement.
} Membres du Conseil central.

1er BATAILLON, 7e COMPAGNIE.
MM. MOISY, Pierre, capitaine.
BLOTTIÈRE, Fernand, lieutenant.
VÉREL, Louis, sous-lieutenant.
BANVILLE, sergent-major.

2e BATAILLON, 7e COMPAGNIE.
MM. VACHERET, Paul, capitaine.
de BANNEVILLE, Marin-Charles, lieutenant.
CARDON, Édouard, sous-lieutenant.
DAGUIN, sergent-major.

3e BATAILLON, 7e COMPAGNIE.
MM. GOUYE, Alfred, capitaine.
FLOCH, Émile-Auguste, lieutenant.
DUVAL, sous-lieutenant.
CHANDELLIER, sergent-major.

LISTE

DES

GARDES MOBILES DU CALVADOS

FORMANT LE 15e RÉGIMENT PROVISOIRE

Tués, blessés, disparus ou prisonniers pendant la campagne de 1870-1871.

Le vicomte de Beaurepaire, Louis-Henri, ✠, lieutenant-colonel, commandant le 15e régiment de mobiles, tué accidentellement le 18 octobre 1870.

1er Bon, 1re Cie, Lieurey, Denis-Théophile-Léon, garde, prisonnier le 23 octobre 1870.

— — Le Paumier, Jean-Baptiste, garde, prisonnier le 23 octobre 1870.

1er Bon, 2e Cie, Jacque, Louis-Eugène, dit Binel, garde, tué aux avant-postes à Dreux, le 23 octobre 1870.

2e Bon, 8e Cie, Marescal, sergent, tué accidentellement le 28 octobre 1870.

Affaire du 24 octobre 1870 (Dreux).

1er Bon,	4e Cie,	Duhamel, Alfred-Augustin, garde, prisonnier.
—	5e	Anne, Pierre-Paul, id., blessé.
—	—	Cottard, Jean-Baptiste, id., blessé, mort.
—	—	Fauvel, Eugène, id., blessé.
—	8e	Berthaume, Georges-Alphonse, id., blessé, mort.
—	—	Sirel, Auguste-Louis, id., prisonnier, id.
2e	1re	Lemaître, Désiré, id., blessé.
—	—	Duval, Octave, id., id.
—	2e	Lemonnier, Jean, id., blessé, doigts coupés.
—	3e	Barbey, sergent-major, blessé.
—	—	Lebâtard, Désiré, garde, blessé, amputé.
—	—	Devicque, Eugène-Constant, id., blessé.
—	4e	Marette, Dominique-François-Albert, id., id.

2e Bon,	4e Cie,	Michel, Eugène-Marius, garde, prisonnier.
—	6e	Piquot, Hippolyte, id., tué.
—	—	Poisson, Amand-Désiré, id, blessé.
—	—	Manoury, Isidore, id., blessé, amputé.
—	—	Barbé, Noé, sous-lieutenant, blessé.
—	—	Heuzard, Émile, sergent, id.
—	—	Leconte, Albert, garde, id.
—	—	Leconte, Alphonse, id., id.
—	—	Filleul, id., id.
—	—	Lemonnier, Albert, id., id.
—	—	Mabire, Alexandre, id., id.
—	—	Auvray, id., id.
—	—	Canel, id., id.
—	8e	Noget, Constant-Victor, id., tué.
—	—	Niard, Désiré, id., blessé.
3e	*	Lacroix, Achille, chef de bataillon, id.
—	2e	Verrier, Joseph-Constant, garde, tué.
—	—	Vachier, André, sous-lieutenant, blessé.
—	—	Leroy, Ferdinand, garde, blessé, amputé.
—	—	Trémel, Jean, id., blessé.
—	3e	Peulevey, Séraphin-Léopold, caporal, tué.
—	—	Drouin, Désiré, garde, id.
—	—	De La Rouvraye, Louis, sergent, blessé.
—	—	Cordier, Adolphe, garde, id.
—	—	Lamare, id., id.
—	—	Lerchours, Jean-François, id., blessé, doigt amputé.
—	—	Lecomte, Julien-Constant, id., blessé.
—	—	Gagnier, Victor, id., id.
—	—	Perriers, Fortuné-Eugène, id., blessé, mort.
—	5e	Lefol, Ferdinand, id., blessé.
—	6e	Ferey, Auguste-Edmond-Célestin, id., tué.
—	—	Jeanne, Jean-Désiré-Léopold, dit Leloup, id., blessé.
—	—	Renault, Ernest-Arsène, id., id.
—	—	Grière, id., id.
—	—	Mauger, Alfred-Amédée, id., id.
—	8e	Lecorre, Jean, capitaine, id.
—	—	Dajon, Eugène-Alexandre, garde, id.
—	—	Taillepied, Arthur-François, id., id.

2e Bon, 8e Cie, Gimer, Pierre-Alfred, garde, blessé, pouce amputé, perte d'un œil.
— — Mulot, Armand-Auguste-Dominique, id., blessé.

Combat de Dreux du 17 novembre 1870.

1er Bon, 2e Cie, Malherbe, Alphonse-Eugène, garde, tué.
— — Robert, Clément-Achille-Auguste, id., id.
— — Levaillant, Pierre-Léon, id., blessé.
— — Malherbe, Victor-Ernest-Ferdinand, id., id.
— — Duval, François-Michel, id., id.
— 4e Costil, Louis-Gratien, id., tué.
— — Bénichon, Louis-Désiré, id., blessé, présumé mort.
— — Bihel, Eugène-Léon, id., prisonnier le 18 novembre à Tillères.
— — Langrognet, Charles, sergent, blessé.
— — Tourmente, Gustave-Léopold-Albert, garde, blessé et prisonnier.
— — Lagniel, id., blessé.
— — Quiquemelle, François-Jules, id., blessé, mort.
— — Marie, Édouard-Augustin, id., blessé.
2e 3e Samson, Théophile, id., prisonnier le 18 novembre à Nonancourt.
— — Marie, Octave-Ferdinand, id., prisonnier, mort.
— 5e Baratte, Joseph, id., prisonnier.
— 6e Levesque, Jules, id., blessé.
— 8e Beaudoin, Jacques-Arsène, id., prisonnier, mort.
3e 1re Bosset, id., prisonnier.
— — Renou, Louis-Alexis, id., blessé.
— 2e Maupas, Louis, id., blessé, un doigt amputé.
— 3e Peschet, id., blessé.
— 6e Dulac, Auguste, id., id.
— — Gallot, Charles-Michel-Robert, id., id.
— 8e Cauchois, Eugène, id., tué.
— — Le Cavelier de Malchouque, Alfred-Albert, id., id.
— — Brize, Albert-Célestin, id., blessé, mort.
— — Olivier, Edmond, id., blessé.
— — De Maurey, Raoul-Ernest, id., blessé, prisonnier.

3e Bon,	8e Cie,	Olivier, Albert-Dominique, garde, prisonnier.
—	—	Vastel, Victor-Léon, id., id.
—	—	Plichon, Aimable, id., id.

Combat de Saint-Laurent-des-Bois, le 8 décembre 1870.

1er Bon,	5e Cie,	Thouroude, Léon-Alphonse, garde, tué.
2e	—	Guérard, Émile-Gérard, id., blessé.
—	—	Cailly, Adolphe-Désiré, id., id.

Combat de Fréteval, le 14 décembre 1870.

1er Bon,	1re Cie,	Lelarge, Eugène-Cécile, garde, tué.
—	—	Bazire, Victor-François, id., id.
—	2e	Furon, Anthyme, id., blessé.
—	—	Léger, Jacques-Félix, id., blessé, mort.
—	—	Guilbert, François-Léon, id., blessé.
—	—	Lefrançois, Prosper-Alexandre, id., id.
—	—	Foucher, Pierre-Dominique, id., id.
—	—	Hue, Pierre-Ernest-Séraphin, id., id.
—	—	Renouf, Léon-Victor, id., prisonnier.
2e	8e	Longuet, Jean-Baptiste-François, id., blessé.
3e	1re	Legoux, Charles, id., id.
—	3e	Provost, Ferdinand, id., prisonnier à Morée.
—	5e	Lebourgeois, Alphonse, id., prisonnier à St-Hilaire.

Combat de Touvois (bataille du Mans), le 12 janvier 1871.

—	1re	Olivier, Germain-Fulgence, garde, prisonnier.
—	2e	De Kergorlay, Raymond, ✻, lieutenant, blessé, id.
—	—	De Kergorlay, Pierre, id., id.
—	—	Calbert, Michel-François, garde, id.
—	—	Tesson, Ovide-Victor-François, id., id.
—	3e	Valery, Auguste, id., id., id.
—	—	Anquetil, François-Ernest, id., id., mort.
—	—	Langrognet, Charles, sergent, prisonnier.
—	4e	Le Pippre, Septime, capitaine, blessé, mort.
—	—	Thomine, Jean-Baptiste, garde, id., id.
—	—	Legallois, Alexandre-François, id., id., id.

1er Bon,	4e Cie,	Ducellier, Franç.-Prosper-Aug., garde, blessé, mort.
—	—	Turgis, Auguste, id., id. prisonnier.
—	—	Marguerite, Albert, clairon, blessé.
—	—	François, Pierre-Victor, garde, id.
—	—	Françoise, Pierre-Ulysse, dit Vergier, id., id.
—	—	Hamelin, Paul-Isidore-Amédée, id., id.
—	—	Harmonie, Yves, id., id.
—	—	Legorgeux, Louis-Gabriel-Émile, sergent, prisonnier.
—	—	Fresnel, Pierre-François, garde, id.
—	—	Caumont, Exupère-Frédéric, id., id.
—	—	Richard, Édouard-Ferdinand, id., id.
—	—	Hamel, Octave, id., id.
—	—	Hamel, Jean-Léon, id., id.
—	—	Jeanne, Jean-Louis-Arsène, id., id.
—	—	Lacroix, Jean-Baptiste, id., id.
—	—	Hamelin, Eugène-Adolphe-Ferdinand, id., id.
—	5e	Dauchez, Éloi-Joseph, adjudant sous-officier, id.
—	—	Lefrançois, Eugène-Théodore, sergent, tué.
—	—	Guérente, Jacques-Frédéric, garde, id.
—	—	Vimard, Jacques, id., id.
—	—	Barbe, Guillaume, id., disparu.
—	—	Guillemin, Alfred, id., blessé.
—	—	Buhour, Émile-Constant, id., id., amputé.
—	—	Fauvel, Eugène, id., blessé pour la 2e fois, prisonnier.
—	—	Fortune, Ferdinand-Philippe, dit Leprovost, id., id.
—	—	Briard, Michel-Jean, id., id.
—	—	Lécluse, Aimé-Jules, id., id.
—	—	Blaise, Pierre-Tranquille, id., id.
—	—	Désert, Adolphe-Clément, id., id.
—	—	Jean, Charles-Victorien, id., id.
—	—	Vattier, Auguste-Eugène, id., id.
—	—	Rots, Jules-Ursin, id., id.
—	—	Jouanne, Louis-Philippe-François, id., id.
—	—	Pierre, Michel-Joseph, id., id.
—	—	Guilbert, Jean-Louis-Jules, id., id.
—	6e	Colleville, Adrien-Donat-Vitalien, id., prisonnier, supposé mort.
—	—	Costy, Gustave-Henri, id., id., id.

1er Bon,	6e Cie,	Le Cordier Bigard de La Londe, capitaine, prisonnier.
—	—	D'Osseville, Marie, sous-lieutenant, id.
—	—	Lacauve, Jules-Léon, garde, blessé et prisonnier.
—	—	Tanquerel, Prudent-Philippe-L., sergent, prisonnier.
—	—	Victoire, Léopold-Alexandre-Révérend, garde, id.
—	—	Grandfils, Edmond-Pierre-Valentin, id., id., mort.
—	—	Germain, Louis-Stanislas, id., prisonnier.
—	—	Lelièvre, Louis-Jules-Célestin, id., id.
—	—	Martine, Joseph-Augustin-Arthur, id., id.
—	—	Marie, Ernest-Émile, id., id.
—	—	Bazin, Auguste-Ferdinand, id., id.
—	—	Rolland, Louis-Adolphe, id., id.
—	—	Libois, Georges-Wilfrid, id., id.
—	—	Louis, Adrien-Aimé, id., id.
—	—	Tessel, Alexandre-Albert, id., id.
—	—	Bellin, Eugène-François-Joseph, id., id.
—	—	Lerouvillois, Eugène-Ernest, id., id.
—	—	Eudine, Xavier-Louis-Amédée, id., id.
—	—	Guilbert, Ernest-Dolor-Altudor, id., id.
—	—	Adèle, Jean-Baptiste-André, id., id.
—	—	Bunel, Jean-Baptiste-Hippolyte, id., id.
—	—	Girard, Émile-Albert-Altudor, id., id.
—	—	Madelaine, Pierre-Émile, id., id.
—	—	Aubin, Louis, id., id.
—	—	Lechêne, Pierre-Eugène, id., id.
—	—	Collet, Firmin-Pierre, id., id.
—	—	Lefort, Edmond-Alfred, id., id.
—	8e	Rouland, François-Désiré, id., blessé, mort.
—	—	Rousselin, Pierre-Constantin, id., prisonnier.
—	—	Bougon, Prosper-Léopold, id., id.
—	—	Palais, Charles-Ferdinand, id., id.
—	—	Voisin, Jules-Albert, id., id.
—	—	Dupont, Eugène-Ernest, id., id.
—	—	Letellier, Baptiste-Michel, id., id.
—	—	Bazire, Jules-Edmond, id., id., mort.
—	—	Lamard, François-Gustave-Anisette, id., id.
—	—	Bouet, Georges-Victor-Honoré, id., id.
—	—	[illegible]thard, Alexandre-Célestin-Émile, id., id.

1er Bon,	8e Cie,	Lefauconnier, Désiré-Émile, garde, prisonnier.
—	—	Dudouit, Désiré-Prosper, id., id.
—	—	Ranguet, Alphonse-Arthur, id., id.
—	—	Boitard, Jean-Baptiste-Florentin, id., id.
—	—	James, Louis-Marie, id., id.
—	—	Bosquet, Charles-Victor-Émile, id., id., mort.
—	—	Picquenard, Victor-François, id., disparu.
—	—	Langlois, Louis-Constant, caporal, prisonnier.
—	—	Pellevey, Louis-François, garde, id.
—	—	Lechartier, Napoléon, id., id.
—	—	Porée, Alphonse-Édouard, id., id.
—	—	Girard, Louis-Constant, id., id.
—	—	Pellevey, Frédéric-Louis-Joseph, id., id., mort.
—	—	Génière, Jules-Désiré, id., prisonnier.
—	—	Hettier, Jules-Adrien, id., id.
—	—	Halley, Nestor-Marie, id., id.
—	—	Revel, Émile-Alexandre-Paul, id., id.
—	—	Adam, Alphonse-Charles-Alexandre, id., id.
—	—	Lefranc, Pierre-Émile, caporal, id.
—	—	Gaugain, Joseph-Édouard, garde, id.
—	—	Richard, Aimé-Désiré, caporal, id.
—	—	Min, Jules-Achille, garde, id.
—	—	Lelarge, Désiré-Adrien, id., id.
—	—	Lechartier, Désiré-Pierre, id., id.
—	—	Lahaye, Alphonse, sergent-major, id.
—	—	Lepley, Pierre-François-Alfred, garde, id.
2e	5e	Saint-James, Louis-Philippe-Aimé, id., id.
—	—	Derenemesnil, Charles-Marc-Désiré, id., id.
3e	3e	Bonnement, Jean-Baptiste, caporal, id.
—	5e	Durand, Aimable, garde, id.

Prise d'un convoi du 21e corps à Beaumont-sur-Sarthe, le 24 janvier 1871.

2e Bon,	1re Cie,	Besnard, Eugène, garde, prisonnier.
—	3e	Malas, Édouard, id., id.
—	8e	Miray, Adrien, id., id.

LISTE

DES GARDES MOBILES DU CALVADOS

(15e RÉGIMENT PROVISOIRE D'INFANTERIE)

Décédés par suite de blessures ou de maladies pendant la campagne de 1870-1871

DU 1er OCTOBRE 1870 AU 15 AVRIL 1871 (1).

Amiot, Ernest-Zéphir, garde, présumé mort.
André, Paul, id., décédé à Verneuil, le 17 novembre 1870.
Anglemont, Louis-Anatole, id., décédé à la Ferté-Vidame, le 17 novembre 1870.
Anne, Casimir-Léopold, id., décédé à Bayeux, le 7 octobre 1870.
Anne, Pierre-Paul, id., décédé au Mans, le 21 janvier 1871.
Anne, Victor, id., décédé à Rochefort, le 21 février 1871.
Anquetil, François-Ernest, id., décédé à Lunéville, le 20 janvier 1871.
Arrivel, Louis, id., décédé à Dreux, le 23 octobre 1870.
Aubert, Henri-Charles, id., décédé à Caen, le 15 décembre 1870.
Aublet, Pierre-Jean-Désiré, id., décédé à Rennes, le 21 février 1871.
Augustin, Eugène, id., décédé à Bayonne, le 3 janvier 1871.
Aze, Victorien-Alphonse, id., décédé à Brest, le 2 janvier 1871.
Badin, Armand, id., décédé à Rennes, le 25 janvier 1871.
Bassas, Louis, id., décédé à Limoges, le 26 janvier 1871.
Bassier, Albert, id., décédé au Mans, le 26 janvier 1871.
Bazin, Ernest-Aristide, id., décédé à Évrecy, le 24 février 1871.
Bazin, Pierre-Ferdinand, id., décédé à Brest, le 9 janvier 1871.
Bazire, Jules-Edmond, id., décédé à Nancy, le 8 mars 1871.
Bazire, Louis-Ferdinand, id., décédé à Nonancourt, le 1er janvier 1871.
Beaudoin, Jacques-Arsène, id., décédé à Dresde (Allemagne), le 1er mars 1871.
Bejin, Pierre, id., décédé à Caen, le 29 janvier 1871.

(1) Cette liste n'a pu être complétée exactement, beaucoup d'établissements hospitaliers n'ayant pu encore reproduire leur situation, et enfin plusieurs mobiles n'ont pas été inscrits, faute de renseignements.

Bellaunay, Romain, id., décédé à Rennes, le 20 février 1871.
Bellaunay, Anatole, id., décédé au Mans, le 3 janvier 1871.
Bénard, Albert, id., décédé à Caen, le 29 mars 1871.
Béraud, Eugène, garde, décédé à Mondoubleau, le 8 janvier 1871.
Bérouet, Romain, caporal, décédé à Rennes, le 20 février 1871.
Berthaume, Georges-Alphonse, garde, décédé à Dreux, le 7 déc. 1870.
Biard, Charles, id., décédé à Saintes, le 3 février 1871.
Bien, Ferdinand, id., décédé à Vaudry, le 10 mars 1871.
Bigot, Pierre-Victor-François, id., décédé à Thury-Harcourt, le 2 février 1871.
Billette, Jules-Charles, id., décédé à Colleville-sur-Mer, le 2 avril 1871.
Biron, Auguste-Ferdinand, id., décédé à Vendôme, le 21 mars 1871.
Bisson, Désiré-Aimé-Louis, id., décédé à Rochefort, le 24 février 1871.
Bisson, François-Victor, id., décédé à Dreux, le 4 janvier 1871.
Bisson, Amand, id., décédé au Mans, le 24 janvier 1871.
Bisson, Joseph, id., décédé à Caen, le 25 janvier 1871.
Blin, Eugène, id., décédé à St-Calais, le 22 décembre 1870.
Boissel, Pierre, id., décédé à Rochefort, le 24 mars 1871.
Bonnière, Amand, id., décédé à Caen, le 12 mars 1871.
Bosquet, Charles-Victor-Émile, id., décédé à Vendôme, le 15 février 1871.
Bouchard, Désiré, id., décédé à Caen, le 13 janvier 1871.
Boudin, Louis-Émile, id., décédé à Caen, le 16 février 1871.
Bouet, Étienne, id., décédé à la Roche-Guyon, le 10 février 1871.
Bouffard, Albert, id., décédé à Angers, le 25 janvier 1871.
Bouquet, Auguste-Adrien, id., décédé à Mayenne, le 8 février 1871.
Brard, Félix-Sosthène, id., décédé à Rennes, le 23 janvier 1871.
Bretonnière, Auguste-Eugène, id., décédé à Caen, le 4 janvier 1871.
Briard, Auguste-Désiré, id., décédé à Nonancourt, le 8 décembre 1870.
Briquet, Jules, id., décédé à Caen, le 26 février 1871.
Brisset, Eugène-Isidore, id., décédé à Nantes, le 16 février 1871.
Brize, Albert-Célestin, id., décédé à Dreux, le 19 janvier 1871.
Bunel, Alfred-Félix, id., décédé à St-Calais, le 3 janvier 1871.
Bunoust, Pierre-Désiré, id., décédé à Sillé-le-Guillaume, le 31 janvier 1871.
Cardine, Victor-Léopold, id., décédé à St-Pierre-sur-Dives, le 8 novembre 1870.
Carin, Isidore-Magloire, id., décédé à Caen, le 23 novembre 1870.
Cautru, Auguste, id., décédé à Caen, le 9 décembre 1870.

Cazel, Jean-Louis, garde, décédé à Libourne, le 21 mars 1871.

Chapelle, Auguste, id., disparu à Sargé, présumé mort.

Châtel, François-Ernest, id., décédé à Caen, le 28 novembre 1870.

Chuquet, Charles-François, sergent, décédé à Caen, le 22 mars 1871.

Clément, Charles, garde, décédé à Angers, le 18 février 1871.

Cliquet, Arsène-Léon, id., décédé à Mondoubleau, le 8 janvier 1871.

Colleville, Adrien-Donat-Vitalien, id., présumé mort.

Conin, Émile-Charles-Eugène, id., décédé à La Flèche, le 14 décembre 1870.

Costy, Gustave-Henri, id., présumé mort.

Cottard, Jean-Baptiste, id., décédé à Dreux, le 28 novembre 1870.

Cottun, Amédée, id., décédé à Sillé-le-Guillaume, le 19 janvier 1871.

Coudray, Louis-Armand-Delphin, id., présumé mort.

Crépas, Léon, id., décédé à Mayenne, le 31 janvier 1871.

Crestel, Albert-Michel, id., décédé à Valence, le 12 octobre 1870.

Daniel, Louis-Victor, id., décédé à Mayenne, le 7 janvier 1871.

Debaize, Pierre-Octave-Ambroise, id., décédé à Caen, le 20 décembre 1870.

Debons, François-Léopold, id., décédé à Acqueville, le septembre 1870.

Dedde, Prosper-Émile, id., décédé à Caen, le 4 novembre 1870.

Delasalle, Albert, id., décédé à Caen, le 10 décembre 1870.

Denis, Eugène, id., décédé à Mayenne, le 1er février 1871.

Derivière, Justin-Albert-Paul, id., décédé à Caen, le 30 octobre 1870.

Dérobert, Jules-Emmanuel, id., décédé à Matragny, le 4 janvier 1871.

Desaunay, Octave-Florentin, id., décédé à Robehomme, le 8 janvier 1871.

Desblés, Louis-Ferdinand, id., décédé à Lorient, le 21 janvier 1871.

Deschamps, Paul-Émile, id., décédé à Caen, le 21 janvier 1871.

Deschamps, Alfred, id., décédé à Mondoubleau, le 22 décembre 1870.

Désert, Félix-Léonidas, id., décédé à Bénouville, le 21 février 1871.

Desnos, Edmond-Alfred-Hippolyte, id., décédé à Lisieux, le 17 mars 1871.

Desportes, Louis-Edmond, id., présumé mort.

Destin, Ferdinand, id., décédé à St-Calais, le 10 mars 1871.

Devaux, Aimé, id., décédé à Châtellerault, le 9 mars 1871.

Devin, Prime, id., décédé à Mondoubleau, le 28 décembre 1870.

Docagne, Sévère-Achille, id., décédé à Caen, le 27 janvier 1871.

Docagne, Pierre-Charles, garde, décédé à Angoulême, le 14 mars 1871.

Douchain, Amand-Léon, id., décédé au Mans, le 16 janvier 1871.

Dubosq, Louis-Auguste, id., décédé à Poitiers, le 15 mars 1871.

Dubosq, Edmond, id., décédé à Contest, le 25 janvier 1871.

Dubourg, Armand, id., décédé à Angoulême, le 12 janvier 1871.

Ducellier, François-Prosper-Augustin, id., décédé au Mans, le 8 février 1871.

Duchesne, Alfred, id., décédé au Mans, le 8 janvier 1871.

Duclos, Louis, id., décédé à Nonancourt, le 1er décembre 1870.

Dugardin, Auguste-Alexandre, id., décédé à Bernay, le 8 décembre 1870.

Dumur, Édouard, id., décédé à Rennes, le 14 février 1871.

Dupin, Sylvain-Emmanuel, id., décédé à Tours, le 18 janvier 1871.

Dupont, Victor-Pierre, id., décédé à Souligné-sous-Ballon, le 14 janvier 1871.

Dupont, Auguste, id., décédé à la Ferté-Vidame, le 17 novembre 1870.

Durand, Ismaël, id., décédé à Alençon, le 5 janvier 1871.

Duval, Auguste-Léon, id., décédé à Bazoque, le 12 avril 1871.

Duval, Auguste-Alfred-Tranquille, id., décédé à La Roque-Beignard, le 6 février 1871.

Duval, Camille-Pierre, id., décédé à Mézières, le 29 janvier 1871.

Duvivier, Georges-Léon, id., décédé à Dreux, le 25 octobre 1870.

Édoin, Adolphe, id., décédé à Bayeux, le 30 octobre 1870.

Enguerrand, Auguste, id., décédé à Rochefort, le 15 mars 1871.

Étable, Désiré-Eugène, id., décédé à Poitiers, le 4 janvier 1871.

Féral, Charles-Eugène, id., décédé à Tours, le 10 janvier 1871.

Férey, Victor-Hippolyte-Désiré, id., décédé à Rennes, le 3 février 1871.

Flaux, Eugène-Auguste, id., décédé à Caen, le 21 janvier 1871.

Follier, Désiré, id., décédé à Dreux, le 2 décembre 1870.

Fontaine, François-Auguste-Marie, id., décédé à Amblié, le 17 décembre 1870.

Fontaine, Pierre-Désiré, caporal, décédé à Caen, le 24 janvier 1871.

Fontaine, Eugène, garde, décédé à Toulouse, le 8 mars 1871.

Foucher, Édouard, id., décédé à Caen, le 11 janvier 1871.

Fouque, Casimir, clairon, décédé à Rennes, le 29 janvier 1871.

Fournier, Louis, garde, décédé à Rennes, le 24 février 1871.

François, Alexandre-Albert, id., décédé à la Ferté-Vidame, le 7 novembre 1870.

Françoise, Ferdinand, dit Roussel, garde, décédé à Colombières, le 30 avril 1871.

Frédéric, Eugène, id., décédé à Rochefort, le 22 mars 1871.

Friard, Pierre-Désiré, id., décédé à Nantes, le 14 février 1871.

Fricot, Henri-Évremond, id., présumé mort.

Frilay, Louis-Albert, id., décédé à Bougy, le 1er février 1871.

Gallet, Sosthène, id., décédé à Caen, le 12 décembre 1870.

Gauthier, Désiré-Amand, id., décédé à Caen, le 3 février 1871.

Gauthier, Louis-Jules, id., décédé à Tours, le 16 janvier 1871.

Georget, Gustave, id., décédé à Senonches, le 13 novembre 1870.

Georget, id., décédé à Caen, le 15 janvier 1871.

Giard, Alexis, id., décédé à Caen, le 24 février 1871.

Gilles, Louis-François, id., décédé à Caen, le 28 janvier 1871.

Gillette, Victor-François, id., décédé à Clécy, le 8 décembre 1870.

Gobille, Louis-Désiré, id., décédé à Caen, le 2 janvier 1871.

Godard, Charles-Aimé, id., décédé à Cagny, le 16 avril 1871.

Gosselin, Désiré, id., décédé à Verneuil, le 22 novembre 1870.

Gosselin, Ferdinand-Albert, id., décédé à Poitiers, le 28 janvier 1871.

Grandfils, Edmond-Pierre-Valentin, id., décédé au Mans, le 2 fév. 1871.

Guérin, Albert, id., décédé à Saint-Malo, le 12 avril 1871.

Guesnet, Constant-Alphonse, id., décédé à Dreux, le 25 octobre 1870.

Guilbert, Émile, id., décédé à Caen, le 27 décembre 1870.

Guilbert, Pierre, id., décédé à Goupillières, le 3 décembre 1870.

Guillot, Pierre, id., décédé à Mosles, le 31 mars 1871.

Hamel, Amand-Pierre, id., décédé à La Cambe, le 19 septembre 1870.

Harel, François, id., décédé à Nantes, le 10 janvier 1871.

Havron, Louis, id., décédé à Caen, le 27 janvier 1871.

Hébert, Charles-Aimé-Louis, id., décédé à Bellême, le 26 novembre 1870.

Hébert, Prudent-Frambaud, id., décédé à Rennes, le 6 janvier 1871.

Hélie, Joseph-Alexandre, id., décédé à Rubercy, le 3 février 1871.

Helley, Louis-Alexandre, id., décédé à Caen, le 17 février 1871.

Henry, François, id., décédé à L'Aigle, le 31 décembre 1870.

Hérouit, Louis-Émile, clairon, décédé à Angoulême, le 5 mars 1871.

Hérout, Amand, garde, décédé à Limoges, le 17 janvier 1871.

Heugues, Pierre-Tranquille-Ernest, id., décédé à Caen, le 8 janvier 1871.

Hubert, Réné, id., décédé à Limoges, le 11 février 1871.

Hue, François, id., décédé à Caen, le 22 janvier 1871.

Jean, Charles-Eugène, id., décédé à Cesny-aux-Vignes, le 20 octobre 1870.

Jeanne, Louis-François-Isidore, garde, décédé à Laval, le 6 décembre 1870.

Joret, Pierre-Ferdinand, id., décédé à Dreux, le 28 novembre 1870.

Julienne, Casimir, id., décédé à Caen, le 13 décembre 1870.

Lamore, Tranquille-Victor, id., décédé à Rubercy, le 4 mars 1871.

Lamoureux, Pierre-Célestin, id., décédé à Caen, le 17 décembre 1870.

Lamoureux, id., décédé au Mans.

Lange, Pierre-Adolphe, id., décédé à Caen, le 14 janvier 1871.

Langran, Auguste, sergent, décédé à Tours, le 25 mars 1871.

Larue, Edmond, garde, décédé à Écrammeville, le 14 octobre 1870.

Lasalle, Pierre, id., décédé à Angers, le 20 janvier 1871.

Laubrière, Jean-Baptiste, id., décédé le 1er mars 1871.

Laurence, Pierre-Adolphe, id., décédé à Senonches, le 15 novembre 1870.

Lavarde, Michel, id., décédé à Mayenne, le 5 février 1871.

Lebailly, Charles-Auguste, id., décédé à Caen, le 17 décembre 1870.

Lebocq, Félix, id., décédé à Percy, le 25 novembre 1870.

Lebœuf, Alfred, id., décédé à Caen, le 5 février 1871.

Leboucher, Théophile, id., décédé à St-Calais, le 24 décembre 1870.

Lebourgeois, Désiré-Avit, id., décédé à Mézidon, le 10 janvier 1871.

Lebourgeois, Louis-Philippe, id., décédé à la Roche-Gaudon, le 2 février 1871.

Lebris, Louis-Alphonse, id., décédé à la Ferté-Vidame, le 11 novembre 1870.

Lebrun, Étienne-François, id., décédé au Mans, le 6 janvier 1871.

Lecerf, Michel-Isidore, id., décédé.

Lechevalier, Félix-Auguste, id., décédé au Mans, le 9 janvier 1871.

Lecocq, Napoléon-Jules-Gustave, id., décédé à la Ferté-Vidame, le 13 novembre 1870.

Lecocu, Eugène, id., décédé au Mans, le 2 janvier 1871.

Lécolier, Émile, id., décédé à Arcachon, le 14 mars 1871.

Lecoq, Fleury-Joseph, id., décédé à Vendôme, le 1er février 1871.

Lécuyer, Alfred-Auguste, id., décédé à La Cambe, le 10 mars 1871.

Lefay, Ferdinand, id., décédé à Alençon, le 24 janvier 1871.

Lefrançois, Eugène, id., décédé au Mans.

Legallois, Alexandre-François, id., décédé à Sargé, le 14 janvier 1871.

Léger, Jacques-Félix, id., décédé à St-Calais, le 21 décembre 1870.

Leglinel, Pierre-Paul, id., décédé à Nantes, le 25 février 1871.

Le Goueslier d'Argences, Théodore-Oscar, lieutenant, décédé à Mézidon, le 8 janvier 1871.

Legrand, Charles-Jules, garde, décédé à Nonancourt, le 30 décembre 1870.

Legrand, Émile, id., décédé à Verneuil, le 17 novembre 1870.

Leguay, Eugène-Auguste, id., décédé à Éterville, le 14 décembre 1870.

Lehoult, Adolphe-Albert, id., décédé à Tours, le 8 janvier 1871.

Lelièvre, Jean-Baptiste-Albert, id., décédé à Notre-Dame-de-Courson, le 14 avril 1871.

Lemaître, Stanislas, id., décédé à Libourne, le 12 février 1871.

Lemarchand, Désiré-Louis, id., décédé au Mans, le 12 février 1871.

Lemarchand, Louis-Auguste, caporal, décédé à Caen, le 6 novembre 1870.

Lemoigne, Alexandre-Louis, garde, décédé à Caen, le 21 décembre 1870.

Lemonnier, Aimable-Honoré, id., décédé à Caen, le 15 janvier 1871.

Lemonnier, Théodore, id., décédé à Caen, le 28 janvier 1871.

Lemonnier, Victor-Eugène, id., décédé à Mézidon, le avril 1871.

Lenormand, Pierre, id., décédé à La Rochelle, le 17 janvier 1871.

Lepeltier, Léopold, id., décédé à Brest, le 30 novembre 1870.

Le Peton, Ovide, id., décédé à Caen, le 23 décembre 1870.

Lepinteur, Delphin, id., décédé à Angers, le 17 février 1871.

Le Pippre, Septime, capitaine, décédé à Savigné-l'Évêque, le 22 janvier 1871.

Leprivé, Isidore-Germain, garde, décédé à Caen, le 26 novembre 1870.

Lequient, Jules-Auguste-Sosthène, id., décédé à Rennes, le 19 janvier 1871.

Leroux, Isidore, id., décédé à Caen, le 30 octobre 1870.

Leroy, Désiré, caporal, décédé au Mans, le 6 avril 1871.

Leroyer, Louis-Victor-Eugène, id., décédé à Dreux, le 27 octobre 1870.

Lesourd, Désiré, garde, décédé le 10 février 1871.

Letanneur, Honoré-Henri, id., décédé à Angers, le 14 janvier 1871.

Letirand, Pierre, id., décédé à Rennes, le 14 janvier 1871.

Lévêque, Félix-Joachim, caporal, décédé à Sargé, le 24 décembre 1870.

Liot, Charles-Ferdinand, garde, décédé à St-André-de-Fontenay, le 2 janvier 1871.

Loiseau, Gustave, id., décédé à Caen, le 6 décembre 1870.

Louvet, Pierre-François, garde, décédé à La Villette (Calvados), le 24 février 1871.

Madelaine, Félix-Amand, id., décédé à Lorient, le 26 janvier 1871.

Magdeleine, Jean-Louis, id., décédé à Montauban, le 15 avril 1871.

Maisnier, Pierre-Jules, id., décédé à Caen, le 16 janvier 1871.

Mallet, Michel-Adolphe, sergent, décédé à Cardonville, le 5 mars 1871.

Mangeais, Achille, id., décédé à Rochefort, le 22 mars 1871.

Marc, Eugène-Arsène, caporal, décédé au Mans, le 8 décembre 1870.

Marguerite, Albert, garde, décédé au Mans, le 20 janvier 1871.

Marguerite, Victor, id., décédé à Morée, le 14 décembre 1870.

Marie, Ernest-Marcel-Abel, dit Crévieu, id., décédé à Grangues, le 4 janvier 1871.

Marie, Edmond, id., décédé à Nantes, le 19 janvier 1871.

Marie, Julien-Ferdinand, id., décédé à Rennes, le 16 janvier 1871.

Marie, Octave-Ferdinand, id., décédé à Louisambeau (Allemagne), le 17 février 1871.

Marie, Félix-François, id., décédé à Rochefort, le 27 avril 1871.

Martin, Désiré, id., décédé à Rennes, le 20 mars 1871.

Martin, Ferdinand, id., décédé à Alençon, le 10 janvier 1871.

Maupas, Louis-Amédée, id., décédé à St-Germain-de-Livet, le 15 février 1871.

Mignot, Eugène, id., décédé à Fougueux, le 25 février 1871.

Moisson, Hyacinthe-Désiré-Sigismond, id., décédé à Moult, le 11 décembre 1870.

Molle, Alphonse, id., décédé à Caen, le 6 décembre 1870.

Montour, Auguste-François, id., décédé à Notre-Dame-de-Courson, le 28 mars 1871.

Morel, Edmond-Philigène, id., décédé à Caen, le 24 décembre 1870.

Motelay, Charles-Victor, id., décédé à Rennes, le 1er février 1871.

Mouton, Octave, id., décédé.

Mullois, Pierre, id., décédé à St-Calais, le 18 décembre 1870.

Mullois, Constant-Alexandre, id., décédé au Mans, le 20 janvier 1871.

Narcisse, Désiré-Adolphe, id., décédé à Caen, le 7 février 1871.

Nicolle, Jean-Baptiste-Aimé, id., décédé à Alby, le 6 avril 1871.

Nicolle, Hyacinthe-Auguste-François, id., décédé à Caen.

Noël, Jean-Eugène, id., décédé à Martainville, le 28 janvier 1871.

Odelin, Alfred, id., décédé à Mayenne, le 5 février 1871.

Onfroy, Nestor, id., décédé à Poitiers, le 27 mars 1871.

Oury, Jean, garde, décédé à Niort, le 31 décembre 1870.
Ozène, Léon, id., décédé à Poitiers, le 20 décembre 1870.
Patry, Paul-Eugène, id., décédé à Caen, le 20 janvier 1871.
Pellevey, Frédéric-Louis-Joseph, id., décédé au Mans, le 10 février 1871.
Peregrin, Jean-Baptiste, id., décédé au Mans, le 1870.
Périer, Louis-Eugène, id., décédé à Caen, le 9 janvier 1871.
Périoult, Séraphin-Amand, id., décédé à Cahors, le 15 février 1871.
Perschay, Albert, id., décédé à Rennes, le 1er janvier 1871.
Pézeril, Ferdinand-Eugène, id., décédé à Mosles, le 2 janvier 1871.
Philippe, Alfred-Oscar, caporal, décédé à Caen, le 19 novembre 1870.
Pitel, Louis-François-Désiré, garde, décédé à Montonet, le 3 janv. 1871.
Pognavant, id., décédé au Mans, le 20 janvier 1871.
Potterie, Paul, dit Faustin, id., décédé à Caen, le 30 mars 1871.
Prosper, Dominique, id., décédé à Sainte-Marguerite-des-Loges, le 2 mars 1871.
Provost, Arsène, id., décédé à Rennes, le 26 mars 1871.
Quesnel, Jean-Albert, id., décédé à Poitiers, le 15 février 1871.
Quesnot, Victor, id., décédé à Caen, le 9 décembre 1870.
Questel, Pierre-Amédée, id., décédé à La Roche-Gaudon, le 2 février 1871.
Quintaine, Étienne, id., décédé à Rochefort, le 10 février 1871.
Quintaine, Victor-Aristide, id., décédé à Caen, le 15 janvier 1871.
Quiquemelle, François-Jules, id., décédé à Dreux, le 1er décembre 1870.
Rames, François-Auguste-Joseph, id., décédé à Pau, le 14 mars 1871.
Renould, Théophile, id., décédé à Domfront, le 25 janvier 1871.
Rèques, Jean-Baptiste-Albert, id., décédé au Mans, le 29 décembre 1870.
Rivière, Victorien-Parfait, id., décédé à Mesnil-Germain, le 14 décembre 1870.
Rivière, Louis-Octave, id., décédé à Caen, le 21 janvier 1871.
Roberge, Joseph-Ernest, id., décédé à Espin, le 13 février 1871.
Robert, Émile, id., décédé à Angoulême, le 11 mars 1871.
Robert, Louis, id., décédé à Laval, le 29 décembre 1870.
Roger, Alexandre, id, décédé à Mirebeau, le 8 avril 1871.
Rouelle, Gustave, id., décédé à Dreux, le 27 octobre 1870.
Rouland, François-Désiré, id., décédé au Mans, le 23 janvier 1871.
Sallent, Ernest-Gustave-Victor, id., décédé à Poitiers, le 30 mars 1871.
Sarrey, Pierre-Adolphe-Désiré, id., décédé à Mayenne, le 12 février 1871.

Satis, Henri, garde, décédé à Libourne, le 22 janvier 1871.

Sirel, Auguste-Louis, id., décédé à Mayenne-Cassel (Allemagne), le 18 février 1871.

Suard, Constant, id., décédé à Mayenne, le 10 février 1871.

Taillepied, François, id., décédé à Caen, le 11 décembre 1870.

Tardif, Émile, id., décédé à Cherbourg, le 21 avril 1871.

Tesson, Constant-Numa-Victor, id., décédé à Caen, le 22 décembre 1870.

Thomine, Jean-Baptiste, id., décédé à Louisambeau (Allemagne), le 14 février 1871.

Thouroude, Eugène, id., décédé à Mayenne, le 30 janvier 1871.

Thouroude, Léon, id., décédé à Lorient, le 4 février 1871.

Tostain, Alfred-Gustave, id., décédé au Mans, le 25 décembre 1870.

Toutain, Alphonse-Louis-Michel, id., décédé à Caen, le 12 décembre 1870.

Toutain, Maurice-Auguste, id., décédé à Caen, le 24 janvier 1871.

Tribouillard, Louis-Fulgence, id., décédé à Mathieu, le 4 janvier 1871.

Tribouillard, Vital-Honoré-Auguste, id., décédé à Hérouvillette, le 19 janvier 1871.

Tricard, Auguste, id., décédé au Mans, le 17 janvier 1871.

Trochon, Albert, id., décédé à Caen, le 1er février 1871.

Trouplin, Pierre-Célestin, id., décédé à Caen, le 3 janvier 1871.

Valentin, Jules, id., décédé à Caen, le 10 janvier 1871.

Varin, Anatole-Théodore, id., décédé à Caen, le 25 décembre 1870.

Varin, Marie-Anatole, id., décédé à Fontaine-Henry, le 15 septembre 1870.

Vassel, Actéon, id., décédé à Rochefort, le 2 avril 1871.

Vaumousse, Alexandre-Célestin, id., décédé au Mans, le 14 janvier 1871.

Vautier, Jacques, id., décédé à Poitiers, le 31 décembre 1870.

Vauvert, Désiré, id., décédé à Rennes, le 14 février 1871.

Vengeon, Alphonse-Adrien, id., décédé à Rennes, le 28 janvier 1871.

Verdelet-Lamare, Charles-Adolphe, id., décédé à Angers, le 27 février 1871.

Vimard, Charles, id., décédé à Châtellerault, le 2 mars 1871.

Vitard, Désiré, id., présumé mort.

Voisin, Amand, id., décédé à Dreux, le 2 novembre 1870.

NOTICE BIOGRAPHIQUE

SUR

M. LE V^{TE} DE BEAUREPAIRE-LOUVAGNY,

LIEUTENANT-COLONEL DU 15e RÉGIMENT PROVISOIRE D'INFANTERIE,
MEMBRE DE L'ASSOCIATION NORMANDE ;

PAR M. LE COMTE L. D'OSSEVILLE.

Louis-Henri, vicomte de Beaurepaire-Louvagny, appartenait à l'une des familles les plus honorées de notre Normandie. Son père, Urbain-Jacques-Dominique, vicomte de Beaurepaire-Louvagny, était le frère puiné de Joseph-Alexandre-Reine de Beaurepaire, comte de Louvagny, ancien chargé-d'affaires à Londres, Constantinople, etc., et l'un des membres les plus distingués de la Société des Antiquaires de Normandie et de l'Association normande.

Urbain de Beaurepaire avait eu de son mariage avec Mlle de La Myre onze enfants. Henri, né le 2 janvier 1830, au château de Louvagny, près de Falaise, était le second des neuf fils qui devaient, dans des carrières diverses, rappeler les fortes leçons et les nobles exemples qu'ils avaient reçus. L'un d'eux vient de mourir les armes à la main au combat de Frœschwiller; un autre, missionnaire dans les Antilles, est mort à Paris des fatigues de son apostolat; un troisième enfin, porte-drapeau dans un régiment d'infanterie de marine, a été blessé à Sédan. Tous ont rendu ou rendent encore de signalés services, soit dans l'agriculture, soit dans les armes, soit dans l'Église, ardents à bien faire, sans ménagement d'eux-mêmes.

Tel fut aussi, dans sa trop courte existence, le vicomte Henri de Beaurepaire.

Entré comme engagé volontaire au 85e régiment de ligne, le 14 août 1850, il fit la guerre de Crimée, depuis le 7 décembre 1854 jusqu'au 5 mai 1856. Il passa par tous les grades inférieurs, reçut deux blessures étant au service de la tranchée devant Sébastopol, les 19 juillet et 8 septembre 1855, monta le premier à l'assaut au petit Redan, et obtint successivement les grades de sous-lieutenant et de lieutenant, l'un en juin 1855, l'autre, moins d'un an après, le 17 mars 1856.

Il allait être nommé capitaine, quand son mariage avec Mlle Mathilde-Louise Hennequin d'Ecquevilly, conclu le 3 mars 1859, l'obligea de quitter le service. Mais son repos ne devait pas être de longue durée : quand Pie IX, trop souvent menacé d'être abandonné par la France, résolut de se former une armée, Henri de Beaurepaire crut son devoir engagé à répondre à son appel ; et, il faut le dire, sa nouvelle famille s'associant, pour ainsi dire, à son généreux dévouement, ne chercha pas à l'en dissuader.

Nommé capitaine au bataillon des zouaves pontificaux, le 4 mars 1861, dès le 10 mars, il recevait du général de Lamoricière, organisateur de cette armée, une lettre très-détaillée, dont nous extrayons le passage suivant :

« Il faut une discipline très-sévère pour les choses importantes et douée d'une grande flexibilité pour les peccadilles ; il faut occuper les intelligences trop aiguisées par l'étude des diverses théories et par des exercices sur le terrain ; vos cadres et tous vos aspirants au grade de caporal doivent être exercés à la théorie pratique et au commandement. L'organisation des bagages, la confection du sac, les marches militaires avec les vivres et les effets dans le sac, etc., etc., sont le moyen de tenir en haleine les natures exubérantes, difficiles à tenir quand on ne les occupe pas. Votre troupe est trempée très-fin; il faut beaucoup de tact, d'esprit et de réflexion pour la bien conduire, il faut surtout beaucoup de tenue, de suite et d'égalité d'humeur. »

On voit avec quelle prévoyance l'habile général savait entrer dans les plus minutieux détails et montrait la route aux hommes de cœur appelés à diriger les autres.

Une lettre de Mgr de Mérode, ministre des armes, en date du 2 mai 1861, prouve l'intelligence et le soin avec lesquels de Beaurepaire avait suivi ces instructions :

« Je suis charmé des bonnes nouvelles que je reçois du bataillon; il vous attribue bonne part du « bon esprit qui y règne sous tous les rapports. » — Et, comme prévoyant les épreuves de l'avenir, Mgr de Mérode ajoute : « L'assistance du bataillon est, sous ce rapport, une « force morale dont vous comprenez bien la valeur, « puisque vous êtes venu en faire partie. »

Malheureusement Henri de Beaurepaire, malgré sa robuste santé, ne put résister au climat de Rome et fut forcé de rentrer en France en juin 1861. Son absence fut vivement regrettée, et le colonel Allet, sous les ordres duquel étaient les zouaves, le lui exprimait en ces termes (lettre du 28 août 1861) :

« J'espère et désire vivement que vous soyez délivré de vos souffrances; votre absence est pour vos compagnons un sujet de regrets universels, et ils font tous le même vœu que moi pour votre prompt rétablissement et votre retour parmi nous. »

A peine rétabli, le vaillant zouave voulut soumettre ses

forces à une nouvelle épreuve ; mais elles ne répondirent pas à son dévouement ; reparti pour Rome en 1861, il fut contraint de demander un congé illimité dès le 2 février 1862, et quitta Rome sans espoir d'y revenir.

Avant son départ, dans une adresse touchante, les zouaves pontificaux de la 5e compagnie, dont il quittait le commandement, le remerciaient de la *sollicitude qu'il leur avait toujours témoignée, et du bon exemple qu'il leur avait donné :* « Cet exemple, ajoutaient-ils, ne sera « certainement pas perdu pour ceux qu'il a commandés « et son souvenir les portera encore au bien lorsqu'il « sera loin d'eux. »

L'adresse était couverte d'un grand nombre de signatures.

Les services rendus par Henri de Beaurepaire n'avaient pas été mis en oubli, et, le 27 juin 1865, il était nommé chevalier de l'ordre de Pie IX, de 3e classe.

A cette occasion, M. de Troussure, adjudant-major de bataillon à l'organisation duquel tous deux avaient coopéré, écrivit, le 25 juillet 1865, à son ancien compagnon d'armes, la lettre suivante, qui prouve mieux que nos paroles en quelle estime il était tenu :

« Je ne veux pas me priver du plaisir de vous dire « que j'ai ressenti une grande joie à vous voir décoré « de cet ordre si recherché aujourd'hui et qui, je le « dis sincèrement, ne couvrira jamais un cœur plus « noble et plus dévoué que le vôtre. Je vous répète « aussi que la joie a été unanime dans le bataillon ; « officiers et zouaves ont applaudi à ce choix : les « anciens, parce qu'ils vous connaissaient, et les « nouveaux, pour tout ce qu'ils avaient entendu dire « à votre louange.

« Le commandant de Charette est revenu hier de

« congé, et, en apprenant que vous étiez décoré, je puis « vous assurer qu'il a vivement exprimé sa joie : j'étais « présent. »

La vocation militaire était chez Henri de Beaurepaire tellement accentuée que, lors de la création de la garde mobile, en 1868, sa première pensée fut de s'y consacrer. Ce ne fut pas seulement chez lui le besoin d'utiliser son activité et de donner carrière à ses goûts qui déterminèrent sa résolution ; un sentiment d'un ordre plus élevé le dirigeait : il espérait que cette institution aurait pour premier résultat de faire sortir du repos les fils de famille et les jeunes gens inoccupés, de les rendre utiles et d'établir entre eux et les populations des rapports dont la société trop morcelée se trouverait bien un jour.

Nommé chef de bataillon le 31 décembre 1868, il s'attache à propager ces idées, dont on ne saurait contester la portée sociale. Malheureusement pour nos forces nationales, l'organisation des gardes mobiles tomba avec le ministère du maréchal Niel, et ne se releva qu'avec la déclaration de la guerre.

Ce fut alors que Beaurepaire déploya, non sans succès, toute son activité et toute son énergie. Transformer en officiers et en sous-officiers de jeunes hommes étrangers, pour la plupart, au maniement des armes, désigner au choix du ministre, des capitaines plus expérimentés et dignes de confiance, faire marcher l'administration du nouveau corps avec l'instruction, introduire la discipline là où les conditions de casernement la rendaient à peu près impraticable : tel était le problème à résoudre. Trois mois suffirent pour mettre ces troupes improvisées en état de faire campagne (1).

(1) On n'a pas mis trois mois à organiser et à marcher : le 1er ba-

Le commandant de Beaurepaire avait donné l'impulsion; son exemple fut suivi, et le grade de lieutenant-colonel du 15e régiment provisoire d'infanterie, à lui conféré le 25 août 1870, récompensait son zèle et plaçait sous ses ordres la majeure partie des mobiles du Calvados.

Il ne lui fut pas donné de les conduire au feu de l'ennemi. Le mardi 18 octobre, il avait envoyé ses trois bataillons en reconnaissance sur trois points divers, dans les approches de Dreux. Avant leur retour, l'ennemi étant signalé, il monte en observation, comme il l'avait fait déjà, au sommet de la chapelle mortuaire des princes d'Orléans; là, en dépit des conseils de la prudence, n'écoutant que sa sollicitude inquiète, il veut franchir la vitrine convexe par où pénètre la lumière, et tombe brisé sur le pupitre en face de l'autel.

Ses bataillons rentrèrent sans encombre; mais le malheur qu'ils venaient d'éprouver équivalait à une défaite. La consternation fut générale. A Caen, la nouvelle du fatal événement fut accueillie comme un malheur public; tous comptaient sur lui comme sur un chef dévoué, valeureux et plein d'avenir.

A ses funérailles assistaient les autorités de la ville et du département, des détachements des gardes nationales, mobile et sédentaire, des amis et des notables en grand nombre. La foule contemplait avec tristesse ce convoi funèbre de l'homme de cœur, dont le vœu eût été de vaincre ou de mourir dans le combat.

Dans une courte oraison funèbre, prononcée en l'église Notre-Dame, Mgr Hugonin a caractérisé la vie

taillon fut réuni le 17 août, le 2e le 18, et le 3e le 19 dudit mois; le 7 octobre, nous sortions du département du Calvados; le 11, nous étions dans l'Eure-et-Loir, en face de l'ennemi.

publique de M. de Beaurepaire avec autant de bonheur que de vérité :

« C'est la gloire de M. de Beaurepaire, dit l'éminent « prélat, d'avoir porté à un degré élevé les deux plus « nobles dévouements qui puissent animer un cœur « d'homme : le dévouement à la religion et le dévoue- « ment à la patrie. »

Sa vie privée répond admirablement à cette judicieuse appréciation. Henri de Beaurepaire était, avant tout, l'homme du devoir. Toutes les obligations de la vie sociale s'offraient à lui sous ce point de vue, et il se montrait prompt à les remplir. Ami de l'étude, il avait été admis, en 1863, dans la Société des Antiquaires de Normandie, aux travaux de laquelle il prenait un vif intérêt. Il pratiquait ce précepte que « noblesse oblige », et les habitants du Quesnay garderont le souvenir des services qu'il se plaisait à leur rendre. Ferme jusqu'à la rigidité, il tempérait cette disposition de sa nature par une droiture et un esprit de justice qui le guidaient en toutes ses actions. En un mot, son caractère commandait l'estime, et, dans ce foyer domestique où cinq jeunes enfants rappelleront ses rares qualités, il laisse d'amers regrets et un vide que les consolations religieuses pourront seules combler.

(Extrait de l'*Annuaire* des cinq départements de la Normandie, publié par l'Association normande, année 1871.)

NOTICE BIOGRAPHIQUE

SUR

M. SEPTIME LE PIPPRE

CAPITAINE AU 15e RÉGIMENT PROVISOIRE D'INFANTERIE,

PAR M. GEORGES VILLERS.

Aymeric-Marie-Septime Le Pippre naquit en 1833, à Montfort-l'Amaury (Seine-et-Oise), d'une famille d'origine flamande, dont l'histoire remplit honorablement plus d'une page des Annales du pays d'Arteweld (1). Fidèle aux traditions de sa famille, il se destina à la carrière militaire; mais, n'ayant pas vu le succès couronner ses efforts dans ses examens pour l'école St-Cyr, il voulut s'engager, détermination dont ses parents parvinrent à le détourner à cause de la faiblesse de sa constitution.

N'ayant pu être soldat, Septime Le Pippre résolut d'être artiste. Il entra donc dans l'atelier de Couture et plus tard dans celui de Dumaresq.

Doué de véritables dispositions pour le dessin, Le Pippre avait reçu de la nature une qualité qui, dans les

(1) La famille Le Pippre, fort ancienne dans les Pays-Bas autrichiens, vint s'établir en Artois au XIVe siècle où elle a produit un grand nombre d'officiers. Ses traditions militaires se sont perpétuées jusqu'à nos jours : M. Le Pippre, père de Septime, était officier dans les gardes du corps à pied sous la Restauration, et en ce moment son fils, M. Frédéric Le Pippre est chef d'escadron d'état-major et officier de la Légion-d'Honneur.

arts aussi bien qu'en littérature, est une précieuse ressource et fait pardonner bien des défauts, bien des incorrections. Chez lui *l'invention* avait déployé tous ses moyens; c'est à son action que cet artiste dut son excessive fécondité dans les divers genres auxquels il s'adonna simultanément, comme dessinateur et comme peintre.

Bientôt ses laborieux efforts portèrent leurs fruits : ses travaux furent admis au salon.

A diverses époques, il exposa :

Le dernier Devoir (œuvre qui obtint les honneurs de la gravure);

Le Zouave racontant ses campagnes;

Le Portrait de la Fiancée;

L'Entrée du lieutenant Dubessol dans un retranchement arabe;

Le Piége (gravé);

Loin du pays ! (gravé.)

Connu dans le monde artistique par les tableaux qu'il avait fait recevoir à diverses expositions et par les dessins qu'il donnait à plus d'un journal illustré (1), Le Pippre, homme excellent dans ses rapports intimes et se contentant des succès modestes que lui conquéraient ses laborieux travaux, se trouvait heureux de pouvoir poursuivre au foyer paternel la carrière à l'adoption de laquelle l'avaient poussé ses goûts. Les événements vinrent l'arracher au calme de son atelier.

Lorsque, comme un signe précurseur de guerre, la garde nationale mobile eut été organisée, Le Pippre, sentant renaître en lui ses premiers instincts, sollicita et obtint un grade dans la nouvelle institution, due à

(1) Le *Magasin Pittoresque* contient des dessins de Le Pippre.

l'initiative prévoyante du regrettable maréchal Niel. Il fût nommé capitaine de la compagnie du canton de Ryes, et, quand le 15e régiment de marche fut appelé à repousser l'invasion allemande, Le Pippre en ressentit un vif sentiment de joie : le descendant de tant de vaillants défenseurs de l'ancienne France allait pouvoir marcher sur les traces de ses ancêtres ; le spirituel créateur de tant de scènes militaires allait enfin vivre réellement de cette vie des camps, à laquelle son crayon l'avait tant de fois initié ?

Dans sa nouvelle carrière, le capitaine Le Pippre ne tarda pas à se créer la position qu'il méritait d'occuper. D'un caractère doux et conciliant, d'une gaieté des plus communicatives, il excellait à raconter, en imprimant à ses récits un cachet d'atticisme qui leur donnait un véritable charme ; d'un autre côté, très-bon et courageux, il était pour ses subordonnés un ami plutôt qu'un supérieur. Aussi l'affection de ses chefs, de ses collègues et de ses soldats lui fut-elle bientôt complètement acquise.

Une circonstance surtout vint développer encore ces sentiments à l'égard du capitaine de la 4e compagnie du 1er bataillon. Dans un des nombreux combats dont les environs de Dreux furent le théâtre, un garde mobile était tombé la jambe brisée par une balle. Sous le feu de l'ennemi, Le Pippre, suivi de deux de ses hommes, n'hésita pas à aller chercher le blessé, et il ne dut de revenir sain et sauf avec son précieux fardeau qu'à une sorte de préservation miraculeuse. Les journaux racontèrent ce trait d'héroïsme avec les éloges qu'il méritait. Quant à Le Pippre, il trouvait son action toute simple et jamais il ne songea à en tirer vanité

Attaché au 21e corps, le 15e régiment de marche avait pris une part active à la guerre depuis le moment où il avait été appelé à repousser l'invasion; et, au milieu d'un hiver d'une rigueur exceptionnelle, nos jeunes et courageux mobiles eurent à endurer bien des fatigues, bien des privations, bien des misères! Le feu de l'ennemi, la captivité et les maladies avaient, hélas! bien éclairci leurs rangs. La santé de Le Pippre n'avait pu résister à ces dures épreuves. Épuisé par la pénible retraite d'Orléans, il était revenu à Villiers-le-Sec chercher, au foyer de la famille, de nouvelles forces pour aller continuer, à son poste d'honneur, sa coopération à l'œuvre de délivrance après laquelle soupiraient les cœurs réellement français, lorsqu'il apprit que l'armée de Chanzy allait exécuter enfin son mouvement en avant, si laborieusement organisé.

Les Anciens croyaient qu'en arrivant au terme de leur carrière certains hommes privilégiés recevaient du Ciel un avertissement de leur fin prochaine. Le Pippre eut un de ses pressentiments, et, quand, abrégeant de 15 jours le terme de son congé de convalescence, il se hâta de rejoindre son corps, ce dut être avec une grande effusion de cœur qu'il embrassa son vieux père et sa mère bien-aimée, pensant leur dire adieu pour la dernière fois.

Arrivé à son corps le 11 janvier 1871, le capitaine Le Pippre ne fut pas longtemps sans payer de sa personne; dès le lendemain 12, il conduisit ses soldats au feu.

Après de longs préparatifs, la nombreuse armée, sous les ordres de Chanzy, s'était ébranlée et avait commencé sa marche offensive. Tous les yeux étaient fixés sur elle, tous les cœurs battaient ardemment dans l'attente de ses mouvements, car à sa fortune était attachée la délivrance de Paris. Hélas! ces espérances devaient bientôt être déçues. A peine les colonnes de l'armée de secours s'étaient-elles éloignées du Mans, que, rapide comme la foudre, le prince Frédéric-Charles s'était précipité sur elles et comme un coin d'acier était entré dans ses lignes, exécutant contre nous un de ces audacieux mouvements stratégiques si familiers, du temps de nos pères, au vainqueur d'Austerlitz.

On connaît le résultat désastreux de cette série de combats, où nos soldats trahis par la fortune disputèrent le terrain pied à pied et où le 21ᵉ corps, sous les ordres de Jaurès, se couvrit de gloire, à force d'héroïsme.

Dans la journée du 12, le 1ᵉʳ bataillon du 15ᵉ régiment de marche, sous les ordres du commandant de La Rougefosse, se trouvait placé sur la route qui conduit de Touvois à St-Corneille : deux de ses compagnies étaient postées aux grand'gardes. Le canon grondait au loin et ses détonations se rapprochaient de plus en plus ; à deux heures d'après-midi, l'adjudant Dauchez, parti en reconnaissance, annonçait l'arrivée de l'ennemi, avec les éclaireurs duquel il avait échangé des coups de feu. — En effet, par un de ces mouvements hardis, habituels à l'élève de M. de Moltke, le prince Frédéric-Charles avait tourné Le Mans et manœuvrait pour cerner la brigade Stefani. Sous les ordres des capitaines Le Pippre, de La Londe, Costrel, et du lieutenant de Kergorlay, les 4ᵉ, 5ᵉ, 6ᵉ et 8ᵉ compagnies opposèrent une énergique résistance, à laquelle s'associèrent plus tard, les 1ʳᵉ et 3ᵉ compagnies (1).

(1) Cette énergique résistance valut au 15ᵉ régiment de marche l'honneur d'être cité à l'ordre du jour de l'armée.

Mais le sort de la journée ne tarda pas à se décider. Vers les quatre heures du soir, cernés par un bataillon wurtembergeois, nos mobiles ne trouvèrent de salut que dans la retraite ; heureux ceux qui purent l'opérer. Le capitaine de La Londe, les lieutenants d'Osseville, de Kergorlay et l'adjudant Dauchez furent faits prisonniers, avec presque tous les hommes des 6e et 8e compagnies.

Le Pippre ne devait pas survivre à ce désastre. Il tomba aux derniers coups de feu, d'une balle qui lui avait traversé la poitrine !

Le digne aumônier du régiment, le R. P. Granger, qui avait vu tomber le vaillant capitaine, s'empressa de lui porter secours sur la neige rougie de son sang.

A la tombée du jour, on vit, s'acheminant vers le village de Savigné-l'Évêque, un lugubre convoi. C'étaient, le charitable prêtre et deux soldats prussiens, qui portaient, sur un brancard formé de fusils, l'officier français, dont ils honoraient le courage. Recueilli d'abord dans une ferme, où il reçut les premiers soins d'un chirurgien allemand, Le Pippre trouva une généreuse hospitalité au presbytère de Savigné. Mais, hélas! les soins les plus empressés dont il était l'objet furent impuissants pour le sauver, et le 22 il rendit son âme à Dieu.

Élevé par une mère profondément chrétienne, Septime Le Pippre avait conservé au milieu des agitations de la vie d'atelier ces principes de morale et de religion dont ne se départissent jamais les âmes honnêtes.

Ce fut dans la pratique de ces sentiments religieux qu'il trouva la force suffisante pour supporter, sans plaintes et sans murmures, les souffrances atroces résultant de sa blessure.

Plein de résignation et de courage, il mourut en soldat et en chrétien.

Un trait touchant, mieux que nos paroles, montrera à quel point Le Pippre était aimé de ses subordonnés. Sachant qu'il était grièvement blessé et prisonnier, ceux de ses soldats qui n'avaient pas partagé sa captivité réunirent, au moyen d'une collecte la somme de 50 francs, pour l'offrir, comme récompense, à la personne qui se risquerait à pénétrer dans les lignes prussiennes, afin d'avoir des nouvelles de leur *bon capitaine!*

Comme on vient de le voir, la carrière militaire de Le Pippre fut courte, mais noblement remplie, car il donna sa vie pour son pays. A ce titre, son nom échapperait encore à l'oubli, si ses œuvres répandues çà et là n'étaient aussi de nature à rappeler le souvenir de l'artiste-soldat, qui, suivant une heureuse expression, « fut un excellent cœur servi par une âme coura« geuse » (1).

(1) Paroles de M. Gabriel Desclozières, sur la tombe du capitaine Le Pippre.

ERRATA.

Page 103, ligne 17, *au lieu de :* Guillouard, *lisez :* Guillard.
Page 137, ligne 5, *au lieu de :* la 3e du 2e, *lisez :* la 8e du 3e.

TABLE DES MATIÈRES.

Pages.

AVANT-PROPOS. 1

CHAPITRE Ier.

Appel à l'activité. — Caen. — Lisieux. — Bayeux. — Formation du régiment. — Armement. — Instruction. — Revue du lieutenant-colonel dans les différents détachements. — Départ. 7

CHAPITRE II.

Évreux. — Pacy-sur-Eure. — Ivry-la-Bataille. — Cherisy. — Dreux. — Houdan. — Mort du lieutenant-colonel de Beaurepaire-Louvagny. — Prise de Chartres. — Retraite sur St-André. — Affaire du 24 octobre. . . . 35

CHAPITRE III.

Verneuil. — Senonches. — La Ferté-Vidame. — Armée de l'Ouest. — Retour à Dreux. — Combat du 17 novembre 1870. — La 8e compagnie du 3e bataillon au hameau de Nuisement. 90

CHAPITRE IV.

Retraite sur Nonancourt. — L'Aigle. — Le Merlerault. — Le camp de Conlie; prise de notre convoi par les troupes..... du général Le Bouëdec. — Arrivée au Mans, incorporation à l'armée de la Loire. — Nominations. — Jaurès. — Gambetta au Mans. 137

CHAPITRE V.

Formation de la 2e armée de la Loire. — Chanzy. — Vendôme. — Vallières. — La forêt de Marchenoir. — Combat de St-Laurent-des-Bois. — Retraite de la 2e armée. — Fréteval. — Retour au Mans. — Camp de Sargé. 159

CHAPITRE VI.

Le Mans. — Sargé. — Fontey. — Savigné-l'Évêque. — Bataille du Mans. — Touvois. — Retraite. — Sillé-le-Guillaume. — Mayenne. — Contest. — L'armistice. — Retraite en arrière de la Loire. — Mirebeau. — Chasseneuil. — Poitiers. — Licenciement. — Conclusion 187

Composition des cadres du 15e régiment provisoire d'infanterie, au 1er mars 1871. 239

Liste des gardes mobiles du Calvados formant le 15e régiment provisoire tués, blessés, disparus ou prisonniers pendant la campagne de 1870-1871. 247

Liste des gardes mobiles du Calvados (15e régiment provisoire d'infanterie) décédés par suite de blessures ou de maladies pendant la campagne de 1870-1871. . . 254

Notice biographique sur M. le vicomte de Beaurepaire-Louvagny, lieutenant-colonel du 15e régiment provisoire d'infanterie, membre de l'Association normande. 265

Notice biographique sur M. Septime Le Pippre, capitaine au 15e régiment provisoire d'infanterie. 272

APPENDICE.

NOTES DE M. LE COMMANDANT LACROIX,

CHEF DU 3e BATAILLON DES MOBILES DU CALVADOS,

AU SUJET DE L'ÉVÉNEMENT DE DREUX, DANS LA SOIRÉE DU 24 OCTOBRE 1870.

M. le commandant Lacroix nous a adressé les observations suivantes, que nous nous faisons un devoir d'insérer ici :

« J'ai lu avec le plus grand intérêt le chapitre dans lequel vous racontez l'affaire de Dreux du 24 octobre.

« Je ne trouve rien à dire sur les appréciations qui s'y trouvent consignées, je respecte les idées et la manière de voir de tout le monde, surtout de ceux qui, ainsi que vous, font tout ce qu'ils peuvent loyalement pour arriver à la découverte de la vérité sur des événements qui intéressent l'histoire du pays.

« Vous me permettrez de vous adresser le résultat de mes observations personnelles, telles que je les ai écrites sur mon registre des décisions, le lendemain de cette affaire, après avoir reçu les divers rapports verbaux et écrits des commandants de compagnie de mon bataillon qui ont assisté à cette affaire, c'est-à-dire des 1re, 2e, 3e, 6e et 8e compagnies ; quant aux 4e et 5e compagnies, elles étaient de grand'garde d'un autre côté. »

Extrait du registre des décisions et des rapports du 3e bataillon.

25 octobre 1870.

Après avoir réglé le service du jour, on lit le récit de l'affaire de la veille, rapporté ainsi qu'il suit :

Hier 24, à trois heures de relevée, par ordre de M. le lieutenant-colonel du Temple, commandant supérieur, le 1er bataillon, commandant Reynaud, est envoyé route de Chartres pour occuper la ferme de Lépinay.

A cinq heures, le commandant Reynaud envoie prévenir le lieutenant-colonel du Temple que l'ennemi, avec de l'infanterie, cavalerie et artillerie, venait de prendre position pour camper à une lieue et demie de Dreux, dans le but probable de surprendre la garnison au point du jour.

M. le lieutenant-colonel du Temple donne de suite l'ordre de prévenir toutes les troupes de la place. A six heures, toutes les troupes se trouvant réunies, la colonne se met en route pour se diriger vers l'ennemi, par la route de Châteauneuf, sous les ordres et le commandement de M. le lieutenant-colonel du Temple, ayant M. le commandant de Labarthe pour chef d'état-major.

Voici l'ordre de marche :

2e bataillon, commandant de Labarthe ;

3e bataillon, commandant Lacroix ;

3e bataillon de la Manche, commandant de Sainte-Marie ;

L'artillerie ;

Bataillon de marins ;

1er et 2e bataillons du Lot-et-Garonne ;

Trois compagnies de francs-tireurs :

Et enfin 40 gendarmes à cheval, sous les ordres du capitaine Velly.

Le tout formant environ 8,000 hommes.

La route avait été préliminairement éclairée par les gendarmes, qui n'avaient rien vu de suspect.

Arrivés au haut de la côte, à la jonction des routes de Chartres et de Châteauneuf, M. le lieutenant-colonel du Temple fait arrêter la colonne et transmettre, par son chef d'état-major, M. le commandant de Labarthe, l'ordre suivant :

« On va mettre sac à terre, puis continuer à marcher en silence jusqu'à l'ennemi, qui est peu nombreux ; au premier feu de ce dernier, on répondra par un seul coup de fusil et on abordera à la baïonnette. »

Au moment où l'on donnait cet ordre, un cabriolet vint à passer. — On ne songea pas à l'arrêter. — Quand il eut dépassé la tête de la colonne, il partit au galop par la route de Châteauneuf, dans la direction de l'ennemi, qu'on supposait à une lieue de là, d'après le rapport des éclaireurs.

On se mit en marche vers 7 heures 1/2, après avoir mis sac à terre, comme le prescrivait l'ordre ; tout le monde paraissait bien déterminé à faire son devoir.— A ce moment, le ciel était en feu. — Une magnifique aurore boréale colorait l'horizon, qui paraissait en feu.—Il y avait du sang dans l'air...

Après une demi-heure de marche, la colonne arriva au village de Théon, où se trouve une maison isolée, en face de laquelle se trouve un petit bois. — Nous aperçûmes alors une fusée qui venait d'être lancée à l'extrémité du bois, du côté de Châteauneuf. Au même instant, des fenêtres de la maison et de l'intérieur du bois, l'ennemi commença le feu, qui s'ouvrit à bout portant sur le 3e bataillon.

Au premier feu de peloton, le commandant Lacroix a été renversé avec son cheval dans le fossé de la route ; le cheval a été tué, frappé de huit balles ; quant au commandant, il n'a reçu que deux contusions aux reins et aux deux poignets.

On a vivement répondu au feu de l'ennemi, qui a été délogé de sa position et qui s'est retiré sur Chartres, après avoir exécuté sur la colonne deux feux de régiment successifs, parfaitement exécutés et avec un ensemble remarquable, lesquels heureusement ont fait peu de victimes, la troupe ayant reçu l'ordre de se coucher à terre.

Après 25 à 30 minutes de combat dans les ténèbres, car il

faisait nuit noire, les Prussiens se sont retirés vers Chartres, et la colonne est rentrée à Dreux vers onze heures du soir.

Comme on le voit, nous allions pour surprendre l'ennemi, et c'est nous qui avons été surpris.

Il est probable et à peu près certain que l'homme au cabriolet, qu'on avait laissé passer, n'était autre qu'un espion prussien, qui avait prévenu l'ennemi de l'arrivée et des dispositions de notre colonne d'attaque.

Le lendemain 25, à deux heures du matin, la garnison, sous les ordres du lieutenant-colonel du Temple, quitte Dreux pour aller prendre position à St-André, où l'on arrive vers 11 heures du matin. On y séjourne jusqu'au 26.

St-André, le 25 octobre 1870.

Le chef de bataillon commandant,

A.-L. LACROIX.

« C'est ainsi que j'ai raconté cet épisode de la guerre dans la brochure que j'ai publiée le 15 août 1871.

« Je ferai observer ici que, pendant la campagne, *tous les jours*, quelque fatigué que j'aie été, je n'ai jamais manqué de prendre une note détaillée et exacte de tous les événements de la journée. C'est ce qui m'a permis de mettre au courant mon registre des décisions et de rendre compte jour par jour, et au besoin heure par heure, de toutes nos actions, ainsi que de tous les ordres qui m'ont été donnés *verbalement* ou *par écrit*.

« Si tous les officiers, dans la limite de leurs attributions, en avaient fait autant, il serait facile d'écrire l'histoire exactement.

Caen, typ. de F. Le Blanc-Hardel.

EN VENTE [illegible] LE BLANC-HARDEL

La [illegible] 10ᵉ mobiles, par le commandant [illegible] Ordino. 1868. 1 fr.

Le 15ᵉ provisoire (mobiles du Calvados). Souvenirs humoristiques de la campagne du lieutenant Agénor de Filauxpattes. 1868. 1 fr. 60.

[illegible] Bichot, [illegible] de la capitulation de [illegible] de [illegible] 0 fr. 75.

[illegible] militaire [illegible] en [illegible] 1 fr.

www.ingramcontent.com/pod-product-compliance
Lightning Source LLC
Chambersburg PA
CBHW070737270326
41927CB00010B/2029
* 9 7 8 2 0 1 4 5 1 7 1 7 0 *